ドラゴン桜公式副読本　『16歳の教科書』番外編

40歳の教科書

親が子どものためにできること

講談社

BOOK DESIGN／山上陽一＋福躍恵（ARTEN）

開講の辞

なぜ学び、なにを学ぶのか。

この学びの根源的テーマを、子どもたちに問いかける形でスタートした特別講義『16歳の教科書』プロジェクト。しかし、勉強や進路について悩んでいるのは子どもたちだけではない。むしろわが子を見守る親たちのほうが、その悩みは大きいのかもしれない。

そこで今回、『16歳の教科書』の番外編として、子を持つ親のための特別講義『40歳の教科書』を開講する運びとなった。

教育や子育てに、正しい答えなどない。

マニュアルも取扱説明書もなければ、模範解答もない。子どもの数だけ道があり、子どもの数だけ色が異なる。それが子育てというものだ。

そこで、世にあふれる教育論や子育て法はすべてが「仮説」なのだ、というところから出発しよう。

たとえば、明治・大正生まれの親たちは「子どもは厳しく育てるべきだ」という仮説に従って、わが子を育ててきた。江戸時代には江戸時代の仮説があっただろうし、世界各国にもさまざまな仮説があるだろう。

もっと身近なところでは、「子どもに漫画を読ませてはいけない」という仮説が支持された時代もあったし、「テレビを観せてはいけない」「テレビゲームをさせてはいけない」という仮説もそれぞれ支持されてきた。

教育や子育てが多様であること、そして仮説であること自体はいいことだ。逆に、唯一絶対の教育なんてものが幅を利《き》かすほうが恐ろしい。親としては、自分が「これだ」と思う仮説を信じ、実践していけばいいだろう。

ただ問題なのは、多くの親が仮説を仮説のままにして通りすぎていってしまうことである。

仮説とは本来、「検証」という作業とセットになっている。仮説があって検証があるからこそ「証明」ができるのだ。

ところが、自ら選んだ仮説をしっかり検証する親は、意外と少ない。

わが子にとってどんな教育が望ましいのか、あれほど真剣に考えるのに、いざ方針を固めてしまうと、そこに検証というフィルターをかけることをしなくなるのだ。

子育てが忙しいのはわかる。ゆっくり検証しているヒマなどないというのも、事実だろう。

しかし、最大の理由は「『間違ったかもしれない自分』を認めたくない」という自己保身ではないだろうか？

もし、それだけの理由で検証を怠《おこた》っているのだとしたら、最大の被害者は子どもである。

自分の子育てに自信を持つことは大切だが、その一方で、常に「もっといいやり方があるのかもしれない」という気持ちを失わないこともまた、重要なのである。


では、具体的にどうすれば「検証」の作業ができるのだろうか？

答えはひとつ、とにかくたくさんの意見に耳を傾けることだ。とくに、自分とまったく異なる意見や価値観の持ち主に話を聞いて、自分の視野を広げることだ。

その後、賛同するのか否定するのかは、どちらでもかまわない。まずは自分と異なる意見に耳を傾け、これまでの自分の考えとは別の可能性について、じっくり考えてみることが大切なのである。

そこで今回、子育てや教育の諸問題について総勢14名のスペシャリストたちに特別講義をお願いした。テーマは次の4つである。

- **英語はいつから学び始めるべきか？**
- **中高一貫校は幸せへのプラチナチケットか？**
- **「お金」と「仕事」をどう教えるか？**
- **挫折や失敗をした子どもにどう接するか？**

実際に教育現場で活躍される大学教授、企業経営者、メンタルトレーナー、人気漫画家、現役最年長のプロ野球投手等々、じつに幅広い顔ぶれである。

もちろん全員の意見に同意することなどないだろう。いずれの講師陣も大胆かつ率直な意見を語ってくださったので、中には反発したくなる話もあるかもしれない。

しかし、何度もくり返すようだが、そうして自分と異なる考えの存在を知ることが大切なのであり、そこで反発することも「検証」のひとつなのだ。

子育てにおいて、もっともよくないのは「もう遅すぎる」「もっと早く知っていればよかった」という考え方である。子育てにも教育にも「遅すぎる」という言葉はない。人は何歳になってからでも自分を変えられるし、成長できるのだ。

まずは親であるあなた自身が、それを実証しよう。あなたの意識が変化すれば、おのずと子どもたちも変わっていく。

あなたが子どもを見ている以上に、子どもはあなたを見ている。子は親の背中を見て育つ、という言葉は動かしがたい真理なのだ。自分が成長のための努力を怠っておきながら、子どもにだけ努力を求め、「自分を越えるような人間になってほしい」と願うのは、買ってもいない宝くじの当籤《とうせん》を願うのと同じである。

親が成長しないことには、子どもの成長などありえないのである。

なお、本書は「日本の教育界に新しいメッセージを発信したい」という朝日新聞社からの提案を受け、2010年4月に朝日新聞（東京本社版夕刊）紙上にて連載された特集記事を大幅に加筆修正する形で誕生した一冊である。教育問題にかける朝日新聞社の熱い情熱に、あらためて感謝を申し上げたい。

『ドラゴン桜』龍山高校特進クラス担任　桜木建二《さくらぎけんじ》

40歳の教科書

目次

開講の辞　ナビゲーター　桜木建一 …… 3

1時限目　英語はいつから学び始めるべきか

まずは日本語の土台を固めよう
大西泰斗　言語学者
「英語漬け」は望ましいのか／なぜ「時間をかけない」は可能か／ブランド化した英語／日本人にとっての英語は災厄？／コラム1　英語文の背後に流れる「ハート」とは？／コラム2　イメージによる効率化／コラム3　「形への意識」による効率化 …… 19

9割の日本人に英語は要らない
成毛眞　株式会社インスパイア取締役ファウンダー／元・マイクロソフト株式会社（日本法人）代表取締役社長
英語ができないのは英語が要らないから／ビジネス英語は1年でマスターできる／学校では教えてくれない「ニュアンス」とは／英語ができても就職には関係ない／日本の翻訳文化に目を向けよう／英語を学ぶ意味を考える …… 34

子どもをカタカナ英語に染めないで
デーブ・スペクター　タレント／テレビプロデューサー …… 47
日本人は世界一英語が苦手？／カタカナ英語のメリットを活かそう／デーブ式・外国語上達の秘訣とは？／ネイティブの「音」に耳を澄まそう

変えるべきは「学校」より「親の意識」
鳥飼玖美子　立教大学教授 …… 58
英語の早期教育論は幻想にすぎない／あまりにずさんな小学校英語の姿／最大の問題は親の英語コンプレックス／なぜ英語だけ過度に期待をかけるのか／学校に任せず、子どもといっしょに勉強する姿勢を

2時限目　中高一貫校は幸せへのプラチナチケットか

有名私立中学への進学は人生の「保険」ではない
藤原和博　元・杉並区立和田中学校校長 …… 75

過熱する一方の一貫校受験ブーム／難関中学受験は親の力が9割／子どもの「居心地のよさ」を優先しないこと／学力低下より深刻な「雇われる力」の低下とは？／公立校の強みはこれから生きてくる／公教育に「参戦」せよ！

受験ストレスから逃げず、成長する機会と考える …… 92

田中ウルヴェ京 メンタルトレーナー

受験は本当にストレスなのか？／目標は合格ではない／ポジティブ・プッシングの8ヵ条／「やる気」を引き出す唯一の方法とは？

焦らず叱らず比較せず、子どもの成長を待つこと …… 106

開 一夫 東京大学教授

子どもにとって「早すぎる課題」とは？／子どもの発達段階を見極めること／環境の変化は自分を変えるきっかけになる／ほめて育てるか、叱って育てるか／「できないこと」より「できたこと」に注目する

3時限目　「お金」と「仕事」をどう教えるか

人が人であるために仕事とお金がある　123
西原理恵子　漫画家
わたしが「カネ」の話をする理由／「自由」と「責任」は有料である／子どもを「戦場」に送り込まない／お金の稼ぎ方、夢のかなえ方／怠け者ほど仕事がストレスになる／働くことは生きることと、生きることは働くこと

ビジネスの原点は利他の精神にある　141
正垣泰彦　株式会社サイゼリヤ代表取締役会長
すべての仕事は社会貢献である／会社から給料をもらっていると思うな／もっとお金をオープン化しよう／ビジネスとボランティアの違いとは？

本当の豊かさは安さで実現される　152
似鳥昭雄　株式会社ニトリ代表取締役社長
アメリカで見た「豊かさ」の衝撃／目標に順位をつけない／後始末より先始末、の意識を／落ちこぼれでも夢はかなう

感情を切り離して真実を見抜く力を
山崎 元　経済評論家
お金の価値を考える／お金の先生は数学教師であるべき／お金ほど感情と絡みやすいものはない／仕事選びのポイントは「お金と自由」のバランス
163

4時限目　挫折や失敗をした子どもにどう接するか

失敗をワクチンと考え、正解を押しつけない
畑村洋太郎　工学院大学教授／東京大学名誉教授
失敗という名のワクチンを接種しよう／失敗を創造に変える「省察」の作業／正解主義の負荷を外してやること／時間の力を信じて悩み尽くせ
179

自分の頭で考えてこそ、本物の答えが見つかる
工藤公康　埼玉西武ライオンズ
192

「失敗してもいい」というメッセージを／自分の頭で考えてこそ成長がある／怪我で潰れる選手に足りないもの／「なぜ?」の気持ちが人を育てる

206

対等な立場からの勇気づけの言葉を

岸見一郎

哲学者・日本アドラー心理学会顧問

子どもを対等な存在と見ること／育児と教育の目標とは?／勉強は子どもの課題で、親は介入してはいけない／過去のせいでも他人のせいでもない／減点法の評価をやめて加点法で考える

1時限目

英語はいつから学び始めるべきか

【桜木の発議1】

「英語は早いほどいい」は本当か？

現在、全国の公立小学校で英語教育の導入が急ピッチで推《お》し進められている。

英語を学ぶなら早ければ早いほどいい、と賛同する読者も多いだろう。実際に、英語力は国際化の時代に欠かせないスキルだ。採用の条件として一定の英語力を求める企業も増えている。

しかし、母語の習得さえおぼつかないうちから英語教育に明け暮れて、子どもの日本語力に影響は出ないのか？　中学や高校から英語を学ぶのでは間に合わないのか？　そもそも、英語はそんなに大切なものなのか？　こうした問題が議論されることは少ない。

そこで、日本語と英語の両方を駆使《くし》しつつ各分野の第一線で活躍される方々に、英語の早期教育についてご意見を伺《うかが》った。

まずは日本語の土台を固めよう

言語学者
大西泰斗

おおにし・ひろと―オックスフォード大学言語研究所客員研究員を経て、東洋学園大学教授。専門は英語学。イメージや五感を重視した画期的な英語教育で注目を集める。麗澤大学教授ポール・マクヴェイ氏と英語教育の改革をめざす。著書には『ネイティブスピーカーの英文法』（研究社）ほか多数。

●「英語漬け」は望ましいのか

英語は、何歳くらいから学び始めるべきか？

国際化の時代、子どものうちから「英語漬《づ》け」にしたほうがいいのか？

もしも、「英語をネイティブのように話せるようになること」だけが人生の目標なら、スタートは早ければ早いほどいい。できればネイティブばかりの環境で英語ばかり使って暮らせばいい——それは当然のことです。ですが、お子さんの人生のクオリティを考えたとき、「英語を話せること」をなにものにも代《か》えがたい目標としていいのかどうか。

職業柄、私は全国各地で主婦、英語教師からビジネスマンまで、あらゆる方々を相手に講演をします。そして必ず、

「いままでの人生の中で、のべ3ヵ月以上英語しか通用しない環境に身を置いたことのある人、手を挙《あ》げてください」

と訊《たず》ねることにしています。講演会の種類にもよりますが、おおよそ平均5パーセント。1割までいったことはありません。

それが日本人にとっての英語の価値なのだとすれば、「ネイティブ並みに英語が話せること」は、お子さんの人生にとってせいぜい「プラスアルファ」程度の作用しか及ぼさないということです。

もうひとつ考えていただきたいことは、子どもの英語力というのは、「バーター（物々交換）」だということです。

人間が生きていくためのさまざまな基盤は、豊かな感受性と柔軟な思考力に富んだ子ど

も時代につくられます。ところが、子ども時代は、長い人生にあってあまりにも短い。そのかぎられた時間の中に「英語漬け」が割り込んだとしたら、犠牲《ぎせい》になる能力が必ずあります。

その最たるものは母国語。日本語です。

日本人にとって、あらゆる知性の基盤は日本語によってつくられます。英語を学ぶにしても、あるいはほかの教科を学ぶにしても、まずは母国語によってものごとを深く考える力が求められます。過度の英語信仰や英語漬けは、その礎《いしずえ》を揺《ゆ》るがす危険を強く孕《はら》んでいるのです。

実際、幼い頃から海外の公教育を受けた帰国子女の中には、日本語も英語も中途半端《ちゅうとはんぱ》なままに終わっている子がしばしば見受けられます。日常会話に困ることはなくとも、たとえば彼らが人生の大きな課題にぶつかったとき、いったい何語でものごとを考え、答えを導き出していけばいいのでしょうか？

もちろん21世紀の現代日本で、英語で手紙が書ける、海外に電話を問題なくかけられる、ときには海外工場の技術指導を英語で行う——ある程度の英語力を持っていることは、大きなアドバンテージになるでしょう。ですが、その程度の能力と、生きていく礎である母国語能力をバーターすることは常識的な判断ではありえないはずです。

だからこそ、私が口を酸《す》っぱくして言っているのは、「英語に時間をかけるな」という原則なのです。「たかが英語」に必要以上の時間をかけ、本当に大切な能力を伸ばす時間を失ってはいけない。時間をかけずに――ネイティブ並みとまではいかなくても――日常生活に支障がない程度、仕事のやりとりができる程度までの英語力を達成する。

その方法を考えるために、私は生活の大部分を費《つい》やして、家族に日夜文句を言われているのです。

●なぜ「時間をかけない」は可能か

それでは、どうすれば「英語に時間をかけるな」を実現できるのでしょうか。

高校の英語教科書を見るたびに思うのは、「この英文を話すことができるなら、海外に行ってもなんの苦労もないだろうな」ということです。中学校の教科書ですら、ほとんど日常会話に差《さ》し支《つか》えないバリエーションの文が網羅《もうら》されている。もしもあの内容を「言える」のであれば、なんの問題もありません。

ところが、大半の優等生たちは、教科書を「読める」レベルで止まっている。読めるのに口から出てこない。高校を卒業しても、大学に行っても英語を話すことができず、仕事の合間に駅前留学していたりする。

それが英語教育の現状です。

もちろんみなさんは、そうした苦々《にがにが》しい現状を重々ご存じのはず。だからこそ、「子ども時代から英語漬け」がたいへん魅力的に響いているのですね。

ですが、この現状は変えることができないわけではありません。お子さんも、そして親であるみなさん自身も、時間をかけずに英語力を伸ばすことができるのです。

鍵《かぎ》になるのは、英語文のうしろに流れている「ハート」を摑《つか》むこと。英語を母国語とする者なら当たり前に感じている「意識」と言ってもいいでしょう。英語をモノにするには、このネイティブの意識を摑むことがなによりも大切であって、それこそ現在の英語教育の中でもっとも欠けた視点なのです。

いま、日本で教えられている英文法は、英語という言語を分解して、パーツごとに分類し、あれこれ苦心して整理整頓してラベルを貼《は》った「標本箱」みたいなものなんです。それは、覚える人の立場に立ったものではない。

私たちに必要なのは、「ネイティブの意識」です。

ある単語を、ある表現を彼らが使うときに、どういった意識が働くのかを知ること。そうやって英語に流れるハートに注目しながら見ていけば、英文法なんてあっという間に身につくはずです。

そのための具体的な方法については、本講義の最後にコラムの形で紹介しましょう。繰り返します。英語学習の効率化は十分可能です。英語は努力次第で、比較的短時間で手に入れることのできる能力です。過度に時間をかけて母国語能力と引き替えにする必要はない。それを証明するために、私は学校文法の大幅な改訂を準備しているのです。

●ブランド化した英語

「なんとか屋のバッグじゃなくちゃ困る」
「車はやっぱり、なんとかモータースじゃなくちゃ」

実態よりも大きな、名声による付加価値。本当なんだか、適当にでっち上げてるんだかわからない付加価値。それが「ブランド」というものです。

そんな、数々のブランドの中で、「英語」ほど広く信仰されているブランドも珍《めずら》しいでしょう。

みなさんの知り合いに——たとえば——インドネシア語を流暢《りゅうちょう》に話せる人がいたとしましょう。

みなさんは、インドネシア語を話しているという一点でその人にあこがれを抱きますか？

その人が賢くカッコよく見えますか？

おそらく、「インドネシア語を話すのですね。便利ですね」以上の感慨は持たれないのではないでしょうか。

英語は違います。英語を話しているのを見ると、「仕事ができそう」「グローバルな人なのね」「賢そうだわ」「素敵ね」などと、まるで的外《まとはず》れな幻想までセットになってついてきます。本来の有用度から離れたブランド化。それが日本人の英語への向きあい方をゆがめているのです。

というのも、ブランド信仰は、「途方もない対価を支払ってもいい」にカンタンにつながるから。いくら時間をかけてもいい、母国語の発達を阻害《そがい》する危険性があっても英語漬け――は、かくして誕生したのです。

英語ができると仕事ができるのでしょうか？　いいえ
英語ができると国際人なのでしょうか？　いいえ
英語がわかると賢かったり素敵だったりするのでしょうか？　いいえ

知性があるから、仕事ができるのです。国際的な視野でものごとを測《はか》れるから国際人なのです。

考えてもみてください。英語がネイティブ並みにできたとしても、ロサンゼルス空港に降りたらその瞬間から「ただの人」。英語ができるからといって、誰も振り向いてはくれません。勝負はそこから。母国語で培《つちか》った知性で仕事をするのです。

日本がどうして経済大国として成長できたのかと言えば、けっして英語力があったからではない。英語力でお金を稼《かせ》いできたわけじゃない。国語や数学、物理や化学、社会など、英語以外の科目で身につけた知識・知性をベースにビジネスをやっているわけです。

と、こんな話をすると、「これからは国際化の時代だ。英語ができないと仕事にならない」という反論が出てくるかもしれませんね。

でも、考えてみてください。たとえば現在の小学生が実社会に出て活躍する20年後の世界では、もしかすると英語よりも中国語のほうが重要になっているかもしれない。英語の価値がゼロになることはなくとも、英語と中国語が同程度の価値になる可能性は大いにありうることです。


このとき、日本人に求められるのはどんな力でしょうか？

——日本語力です。


日本語のベースさえしっかりできていたら、いざ中国語の習得が求められる時代になっても柔軟に対応することができます。逆に、日本語の土台がないまま中途半端に英語を覚えていても、中国語（または他の言語）の時代には対応できません。

将来、どんな言語が必要とされる時代になろうと柔軟に対応できるだけの知性を、日本語によって磨《みが》いておかないといけないのです。

もうひとつ例をあげましょう。

英語力にかぎって言えば、私よりも英語ができる人なんて世界中に何億人もいるんですよ。それでも、私がこうして英語の専門家として仕事ができるのは、英語を「日本語で」語ることができるから。結局、日本語のベースがしっかりできているから、この仕事ができているわけです。

私が「たかが英語」と言った理由はまさにここで、英語はただの「ツール」であって、しょせん、将来中国語に置き換わるかもしれない程度の価値しかないんですよ。

英語にヘンなコンプレックスを抱かず、英語という言語が持っている本当の価値を、もっと冷静に考えてほしいと思いますね。

●日本人にとっての英語は災厄?

日本人にとって、英語は大きな災厄《さいやく》——私はそう考えています。

だって、もしも世界中の人が日本語を勉強して、日本語が国際共通語として使えるとしたら、どうなりますか？

私たちが英語をマスターするために割《さ》いている時間や労力を、すべてほかのことに使える。他の勉強、趣味、遊び、いろんな選択肢が広がります。そして実際、英語圏の人たちは、そんな環境で暮らしているわけです。スタートの段階で、明らかなハンデがあるのです。これを災厄と言わずになんと言えばいいのでしょうか。

そこで、彼ら以上の知性を達成しようと思ったら、結論は「英語に時間をかけるな」しかなくなるのです。

効率よく、集中して短期間で身につけてしまうこと。そして絶対に他の教科を疎《おろそ》かにしないこと。

英語はツールにすぎません。学習のコストパフォーマンスを見きわめましょう。ツールは「なんとか使えれば上等」と割り切ることです。ネイティブになる必要はありません。

たとえば発音。

百パーセント、ネイティブそのものの発音を手に入れようと、膨大《ぼうだい》な時間をかける必要はありません。だってコストパフォーマンスが悪いから。

発音が完璧でも誰も感動してくれないし、ロンドンに行けば、ＢＢＣのアナウンサーのような「RP（容認発音）」で話している人はごくごく一握り。だとすれば、日本人は聞き返されない程度の「95パーセントの発音」でいいじゃありませんか。それなら2週間で達成できるのです。

あるいは文法。

例外中の例外まですべてを網羅した百パーセントを目指すから、「ox の複数形は oxen」なんてところで余計な時間を喰うのです。本当に大切な知識の習得だけに留めれば、学習時間は大幅に短縮できます。「95パーセントの文法」を、なるべく短期間で身につけるのです。

カンタンな文でもいい、少々クセがある発音でもいい。だけど、それがいつでも使えるように、そして口から自然に出せるように徹底的に身につける。それで十分仕事ができるから。いつでも友人達とわいわいできるから。

発音も文法も95パーセントでいい。過大な犠牲を払って「英語漬け」にならなくていい。それが英語本来の価値に相応な、日本人にふさわしい目標だと私は思います。

【コラム1】

英語文の背後に流れる「ハート」とは?

次の簡単な会話を見てみましょう。

A: Look at those girls dancing over there.
B: Yeah, I can see them.
A: Let's sit and watch them for a while.

A: あそこで踊っている女の子たちを見てみろよ。
B: うん、踊っているね(見えるよ)。
A: しばらく座って見てみようよ。

もちろん、「見る」「見る」「見る」と、日本語にするのは簡単でしょう。それでは、みなさんには「情景」が浮かびますか? ネイティブなら、最初の文を見たときに、Look at... と言われたBさんが、「ん?」と視線を移す情景が浮かびます。なぜなら、look は「視線を向ける」という動詞だから。たとえばネイティブは「よく聞けよ」と言うとき、Look. と言うことがあります。これは、「視線を向ける」 look ならではの使い方で、「注意を向けろ」という意識につながっているのです。

続いて2つ目の文。この I can see... には動作が伴いません。「うん、見えるよ」と同意しているだけ。なぜなら、see は景色が「頭に入ってくる」という感覚を伴った動詞だから。そこから Oh, I see.(わかるよ)などという使い方が生まれているのです。

そして最後の文。watch は緊張感が伴う単語です。ただ見るのではなく「ジッと見つめる」というイメージ。ネイティブは、2人が座ってダンスをジーッと眺めている様子を思い浮かべます。こうした watch の本当の意味がわかれば、なぜ「番犬」を lookdog や seedog でなく、watchdog と言わなくてはならないかがわかるでしょう? 泥棒が入ってこないように「ジィィィィッ」と見つめるのが番犬の役割だからですよ。

このレベルで単語を理解しているということ、それが「話せる」ということなのです。聞くだけの英語なら、look でも watch でも see でも「見る」でいいでしょう。ですが、話すとなれば選択しなければならないのです――だから、話せなかった。私たち日本人の英語の致命的な弱点は、ここにあるのです。ハートを摑むということ――私の処方箋は、彼らが表現を使うときの意識を学ぶということにあります。

そしてそれが、英語学習の効率化につながっていくのです。

【コラム2】

イメージによる効率化

続いて前置詞の on を考えてみましょう。一般的には「〜の上」と訳されるこの単語、There is an apple on the table.(テーブルの上にリンゴがある)がわかるからといって油断してはなりません。次の文では、どうして on が使われているのでしょう?

A: On hearing the news, he ran to tell all the family.
B: He is cheating on me.
C: She hung up the phone on me.

A: ニュースを聴くとすぐに家族に報せに走った。
B: 彼、浮気しているのよ。
C: 彼女は電話をガシャンと切った。

ほら、訳語じゃなにもわからないでしょ? 簡単に見える単語ほどじつは複雑――語彙学習でもっとも時間を喰うのは、こうした基本語彙の習得です。

それでは、on「〜の上」という位置関係を「イメージ」でとらえてみましょう。テーブルの上にリンゴが載っているところを想像してください。この状況は、見方によってはリンゴがテーブルに「接触」しているように見えますね。ここから A の「〜するとすぐ」というニュアンスが生まれます。「ニュースを聴く」と「彼は走った」が「接触している」、という同時性が生まれているわけです。

また、テーブルの上のリンゴは、リンゴがテーブルに「圧力」をかけているようにも見ることができますね。これがわかると、cheat on me も、hung up the phone on me も、すぐに理解できます。Bは「彼が私を騙して(cheat)苦痛を与えている」と圧力がかかっているから on を使うのだし、Cの場合も電話をただ切ったのではなくて、ガシャンと切って相手に圧力を感じさせているから on なのです。そうすると、なぜ「尊敬する」は look up to なのに、「軽蔑する」は look down on なのか、不思議ではないでしょう。軽蔑するときには、そこに視線の強さ、グッと押さえつける「圧力」が感じられるから。なぜ「集中する」は、concentrate on になるのかもわかるでしょう。なにかに集中するときには、(目の前の本などに)グッと圧力を加える感触を伴っているからです。

訳語ではなく「イメージ」へ。イメージとはネイティブの意識、「ハート」です。イメージを使って語彙学習の時短を達成し、表現力につなげる。これが第1の効率化です。

【コラム3】

「形への意識」による効率化

効率化の2つ目は、「形への意識」。たとえば、次に挙げた文は、すべて同じ意識を含んでいるんですよ。

A. We are happy.（僕たち幸せ）
B. The baby is crying again.（赤ちゃんがまた泣き出した）
C. The guy playing the drums is my boyfriend.
（ドラム叩いている人がボーイフレンドなの）
D. I think this is a good chance to master English.
（英語マスターのいい機会だと思う）
E. Kaito plays golf really well.（カイトはゴルフがとっても上手）

（大西泰斗／ポール・マクヴェイ著『英語のバイエル 初級・初中級』NHK出版より）

その意識とは、「説明は追記する」という意識。どの文も、修飾のターゲットのうしろに説明を追記するという意識で出来上がっています。たとえば A と B の be動詞文では、じつは be動詞は強く意識されてはいません。We の説明として happy を並べているだけの意識です（ですから、be動詞は弱く、すばやく読まれますし、短縮もされるのです）。進行形も「be+動詞～ing形」ではありません。The baby の説明 crying（泣いている）を並べている意識。だからこそ、C の文のように be動詞がなくても修飾関係が成り立つのです。

D も説明を追記する意識です。I think で文を止めるわけにはいかない。なにを思ったのか説明したい。だから this is... 以下の文を並べているのです。E は、もう言うまでもありませんね。plays golf では不十分だと感じた話し手が、その説明 really well を追記しているだけのことです。

このように、ネイティブの意識をそのまま写し取れば、英語文の基本はそれほど厄介ではありません。それなのに C の文を「現在分詞の形容詞的用法」と呼んで、Dの文を「動詞+目的節」と呼んだりする、従来の英文法が厄介なだけなのです。

誤解を恐れずに言えば、英語は習得が難しい言葉ではありません。じつに明快なシステムを持った言葉です。その説明が従来の文法書で十分に尽くされていないからこそ、「英語はムズカシイ」という印象が生まれてしまうのです。「ハート」なんですよ、大切なのは。それがあれば、英語は恐れるに足りません。

9割の日本人に英語は要らない

株式会社インスパイア取締役ファウンダー／元・マイクロソフト株式会社（日本法人）代表取締役社長

成毛 眞

なるけ・まこと――1991年にマイクロソフト株式会社（日本法人）代表取締役社長に就任。2000年に退社後、投資コンサルティング会社であるインスパイアを設立。無類の読書好きとして知られ、『大人げない大人になれ！』（ダイヤモンド社）ほか著書多数。

●英語ができないのは英語が要らないから

小学校で英語を教えるべきか？

わざわざ議論するにも値《あたい》しない、まったく愚《おろ》かな発想ですね。当然ながら小学生に英語を教える必要などありません。

きっと英語の早期教育を支持する人たちは、「日本人は英語が苦手だ。中学から大学まで、あれだけ勉強してもさっぱりできないじゃないか。だから小学校から教える必要があるんだ」と考えているのでしょう。でも、いくら小学生に英語を教えたところで、なんの効果もないですよ。

だって、「使う機会」がないから。

日本人が英語を苦手としているのは、教育制度や勉強法に問題があるのではありません。ただ単純に、「機会」の問題なのです。

使う機会がないから、真剣に覚えようとしない。使う機会がないから、すぐに忘れてしまう。使う機会がないから、モチベーションを保《たも》てない。それだけの話で、小学校英語なんて的外《まとはず》れもいいところなんですね。

その証拠に、海外赴任《ふにん》などで「どうしても使わざるをえない状況」に追い込まれたら、誰でもそれなりの英語をしゃべるようになります。

僕に言わせれば、日本人で本当に英語が必要とされる人は、せいぜい全体の1割程度。残り9割の日本人には、英語なんて要《い》りませんね。英語が「できない」のではなく、そもそも「要らない」のです。

たとえば、ハワイのレストランで料理を注文する。免税店でお酒や香水を買う。ホテルのフロントに「部屋のシャワーが壊《こわ》れた」と連絡する。なるほど、一応英語を使っているように見えますね。

でも、僕はここで使われる言葉を英語とは呼びません。これらは「レストランで料理を注文する技術」や「免税店で買い物をする技術」であって、けっしてそれ以上のものではない。旅行前にいくつかのパターンさえ暗記しておけば、十分間に合うレベルです。

僕の言っている英語とは、それを使って人生や哲学を語り合える言葉のこと。あるいは、互いの感情を思いっきりぶつけ合える言葉のこと。

そう考えると、やはり9割の日本人には英語など要らないのです。

念のためつけ加えておくと、ここでの「1割と9割」という分類は、別に「エリートと非エリート」という意味ではありません。英語をまったく必要としないエリートも大勢いますし、これは単純に職種の問題です。

じゃあ、たった1割のために義務教育のシステム全体を変えてしまっていいのか、という議論になりますね。そんな時間があるんだったら水泳でも教えるべきだ、というのが僕の意見です。なぜって、海や川で溺《おぼ》れたら死んじゃうわけですから。英語なんかできなくても死なないんですよ。

●ビジネス英語は1年でマスターできる

僕は、たまたまマイクロソフトの日本法人で社長をやっていましたが、もともと英語ができたわけではないし、コンピュータに興味があったわけでもありません。

大学卒業後は、これといった希望もなく自動車部品メーカーに就職して、転勤先の土地柄になんとなく馴染《なじ》めなくて、アスキーという出版社に転職しました。

ところが転職した次の日に、当時アスキーが米マイクロソフト社と提携・設立していたアスキーマイクロソフトという子会社に出向することになったんですよ。これがのちのマイクロソフト日本法人となるわけですが。

出版社で働くつもりだった僕としては、「マイクロ……？　なんの会社だ、それ？」という感じですよ。コンピュータもわからないし、英語もわからない。そもそもなにをやってる会社なのかさえ、よくわかっていなかった。

だからマイクロソフトで実際に外国人とやり合うようになったときは、彼らの話している英語の99パーセントは理解できませんでした。かろうじて理解できる1パーセントは、商品名とビジネス用語だけ。

でもね、逆に考えると、上司の言ってることなんて、そんなに深い内容じゃないんですよ。仕事中に人生を語るような時間もありませんからね。商品名のほかに出てくる単語は、売り上げだの経常利益だの人件費だの、いつも同じことばかり。

そうやって単語を拾っていくコツさえ覚えたら、ビジネス英語は半年から1年で一定レベルまでいけます。少なくとも、上司からなにを指示されたのかわからない、というような絶望的状況には陥らずにすむようになる。

まず覚えるのは商品名、ビジネス用語、経済用語、業界用語ぐらいでしょうか。そのへんを頭に叩き込んでおけば、あとは上司の顔つきやその場の雰囲気《ふんいき》で「ああ、売り上げが下がってるって言っているんだな」「経費を削減しろって言っているんだな」と察することができるし、実際それで十分なんです。

●学校では教えてくれない「ニュアンス」とは

ただし、上司の命令を聞くだけのビジネス英語と、そこから先の本格的な英語には圧倒的な差があります。

僕もパーティーなどの席でアメリカ人と話せるようになるには、5年かかりました。ここではビジネスの話は出ませんからね。「わたし」という人間について、英語で語らないといけない。

だから最初の数年は、パーティーに招待されても、同じく英語のできないドイツ人やフィンランド人なんかと端《はし》っこに集まって、たどたどしい英語で話していました。

そうそう、日本人のビジネスパーソンは自分たちだけ英語ができないと考えがちだけど、そんなことないですよ。英語がペラペラなのはアメリカ人とイギリス人だけで、ヨーロッパ人の大半は英語ができませんから。

そして字幕のない映画を観て、ちゃんと理解できるようになったのは、マイクロソフトに入って10年後のことですね。順番的には半年から1年でビジネス英語、2〜3年で日常英語、5年でパーティー英語ときて、ようやく10年目に字幕なしの映画が理解できるようになった感じです。

よく「ハリウッド映画で英語を学ぼう」みたいな話を耳にするけど、かなり無謀なチャレンジだと思いますよ。日常会話に不自由しないレベルであっても、映画は相当ハードルが高い。字幕なしで映画を観たいというあこがれはわかりますが、いきなり映画に取り組むよりも、別のアプローチを採《と》るべきでしょう。

さらに、僕が英語でもっとも苦労したのが、「ニュアンス」ですね。

外資系企業でアメリカ人のボスと良好な関係を築こうと思うなら、ネイティブたちの持つ微妙なニュアンスを理解する必要があります。

とくにアメリカの企業は、日本以上のゴマスリ社会。世間知らずなぺーぺーならともかく、ボスに花束を贈らない部下なんかどこにもいない。ボスの奥さんの誕生日までしっかり覚えて、豪華な花束を贈る。

上司の権限が強い分、日本では考えられないくらい露骨《ろこつ》な〝ゴマスリ合戦〟になるんですよ。

このゴマスリ合戦はプレゼントだけではなく、当然会話の中でも行われます。歯の浮くようなお世辞《せじ》と、教科書では教わらないような話術ですね。

わかりやすい例を挙げるなら、相手の発言を聞き返すとき、教科書では「Pardon?」とか「Excuse me?」だと習います。でも、もしも自分のボスにそんな言葉を使ったら、どんな仕打ちを受けるかわからない。ボスに対しては、小声で短く「Yes?」と聞き返すのがベストなのです。

このあたりの微妙なニュアンスは、どうやっても学校で教えられるものではないし、自ら実地で学んでいくしかありません。これは20年間も外資系企業にいて、しかも直属のボスがビル・ゲイツだった僕の結論です。

僕も最初の数年は、周りのアメリカ人がビル・ゲイツにどう接しているのか、どんな姿勢で話を聞いて、どんな表情で、どんな言葉を使っているのか、会議の中身なんかそっちのけで観察しまくっていましたね。なるほど、ボスを前にしたアメリカ人は、こんなときにこんなふうに笑うのか——という感じで。

外資系で出世するときに大切なのは、流暢《りゅうちょう》な英語を操《あやつ》ることじゃなくって、ネイティブのやっているすべてを真似《まね》することです。仕事のポイントは人間関係をスムーズに運ぶことなので、ネイティブの話し方はもちろん、しぐさ、行動パターン、微妙な言い回しなどをどんどん真似しましょう。いわゆる語学力よりも、言葉では表しづらい「ネイティブらしさ」を摑《つか》むことですね。

●英語ができても就職には関係ない

外資系企業で働く日本人は、みんな英語ができる。英語ができないと外資系では仕事にならない。そう思っている人は多いのではないでしょうか。

これは大きな間違いです。外資系で本当の英語力が求められるのは、本社の上層部と直接やりとりする経営陣、せいぜい3パーセントくらいのもので、残りの97パーセントには英語力など求められません。

実際、僕のいたマイクロソフトでも、部長クラスあたりまではみんな英語がへたでした。だって、日本の地で日本人相手に商売をするために雇《やと》っているわけですからね。英語ができたところで、なんの得にもならない。

もちろん、トップの3パーセントにはネイティブと同等レベルの英語力が求められるし、先の「ネイティブらしさ」が必要になります。ただ、結局それも、体当たりで学んでいくしかないわけで、入社当時の英語力はあまり問題にならないのです。

それでは、外資系以外の企業はどうでしょうか。

たとえば、英語力がもっとも必要とされる総合商社の場合、たしかに「英語屋さん」とでも呼ぶべき枠があります。バイリンガル、帰国子女、外国人といった人たちを英語力優先で採用する。商社にもよりますが、全体の2～3割程度が英語枠でしょう。そして3割が体育会系、もう3割が幹部候補のエリート、というのが一般的な配分です。

3割のエリートの下で、気力と体力にあふれた体育会系の実働部隊3割が、残り3割の英語屋さんのサポートを借りながらガンガン働きまくるわけですね。

ところがおもしろいことに、5年、10年と経ったとき、最終的に生き残っているのは体育会系だったりするんですよ。いつの間にか体育会系が上司になって、エリートや英語屋さんをアゴで使っている。総合商社でさえ、これが実情です。

さらに、国際競争力を持った優秀な中小企業の経営者たちは、採用の段階では英語力なんかまったく気にしませんね。過去の経験から、「英語も中国語も、現地に送り込んだらすぐ覚える」と知っているからです。

じゃあ、いったいどんな経営者が「これからはグローバル化の時代だ！　英語のできない新卒はいっさい採るな！」と言っているのでしょうか？

海外進出する意味もわからないまま、ただメディアの情報に流されて感情的になっているだけの経営者です。きっと本人も中途半端な語学力しかないし、仕事をするうえでどんな語学力が必要になるかもわかっていない。もし僕が就活中の学生だったら、そんな企業なんてこちらからお断りしますね。

●日本の翻訳文化に目を向けよう

もうひとつ、僕が9割の日本人に英語が要らないと言っている理由に、日本の卓越《たくえつ》した翻訳文化があります。

海外のおもしろい本はたいてい翻訳されているし、翻訳されるまでのタイムラグもかなり短くなっている。しかも、翻訳家たちのレベルがものすごく高いので、「翻訳があの人なら買おう」という翻訳家のファンまでたくさんいるほどです。

また、海外ドラマもアフレコになるし、同時通訳のニュースも充実している。そして、インターネットの翻訳ソフトも日々精度が向上していて、「英語ができないと入手できない情報」は、かつてないほどに少なくなっています。

この翻訳文化は、翻訳家たちの努力はもちろんのこと、日本が1億人を超える人口を持ち、国内に巨大なマーケットがあるからこそ実現できたものです。

たとえば、お隣《となり》の韓国はここまでの翻訳文化が育っていません。これは翻訳家のレベルに問題があるというより、人口も国内マーケットも日本の半分しかないことに原因があります。逆に言えば、韓国の人たちはそれだけ英語を学ぶ必要性があるし、英語に対するモチベーションも高い、ということになるでしょう。

日本でも、翻訳文化が未成熟な戦後の復興期には、英語を知っているだけで大きなアドバンテージとなっていました。しかし、ここまで翻訳文化が成熟した現在では、英語に対するアドバンテージはかなり低いのです。

●英語を学ぶ意味を考える

ともかく、小学校で英語を教える必要などありません。しかし、中高生になってから英語を勉強することには意味があると思っています。

なぜなら、「日本語とは違った言語体系」を知ること自体に意味があるからです。きっと自分の使っている日本語を見つめ直すきっかけにもなるし、英語ならではの表現や論理展開を知ることもおもしろいでしょう。

とくに英語の場合、単語と単語を組み合わせる言葉なので、ちょうど数学パズルを解《と》くような楽しさがあります。また、英単語は記憶力を鍛《きた》える格好のツールですね。覚えようと思えばいくらでも覚える対象があるし、使っていないとすぐに忘れる。つまらない「脳トレ」に手を出すくらいなら、英語をやったほうがずっと役立つはずです。

そして最後に、英語を覚えるにはなんらかの動機づけが欠かせません。たとえば、宇宙やロケットにものすごく興味がある中学生なら、英語力がなくてもＮＡＳＡ（米航空宇宙局）のホームページを読めてしまう。辞書を片手に、無我夢中で一語ずつ追いかけていくことができる。

つまり、英語そのものを目的とするのではなく、もっと大きな目標に到達する手段として英語があるのだと思ってください。

子どもをカタカナ英語に染めないで

デーブ・スペクター

タレント／テレビプロデューサー

シカゴ出身。10代の頃から独学で日本語を学び、アメリカの日本語弁論大会で2年連続優勝。1983年、米ABC放送のプロデューサーとして来日。著書には『僕はこうして日本語を覚えた』（同文書院）などがある。

●日本人は世界一英語が苦手？

英語を学ぶなら早いほうがいいし、とくに日本人の場合、いまよりもっと早くから英語に触れるべきだと思います。

たとえば、海外からアメリカにやってきて語学学校に通っている人たちを見てみると、日本人ってすごく優秀なんです。基礎知識はあるし、授業中はまじめにノートを取って、しっかり予習をしてくる。だから英語に自信がないと思っている人でも、ペーパーテストをやればたいてい上位に入ってくる。

ところが、やっぱり苦手意識を払拭《ふっしょく》できないし、実際に海外に行っても通じない。理由は簡単で、発音が最悪なんです。

ご存じのとおり、アメリカは移民の国でたくさんの外国人が集まってきますし、いろんな訛《なま》りを耳にします。でも、日本人の英語ほど聞きづらいものはない。

あんまりこんな話はしたくないけれど、日本人って世界でいちばん英語の発音がヘタなんですよ。

じゃあ、どうして発音が苦手なのか？

本人の能力に問題があるわけではありません。単純に、〝カタカナ〟がよくないんですね。英語の発音をカタカナで覚えるし、そのつもりがなくても思わずカタカナの発音になっちゃう。

日本語の五十音では英語の発音を正確に表記できません。たとえば「news」という単語も、カタカナ表記だと「ニュース」になる。でも実際の発音は「ヌーズ」に近い。映画で「beautiful」という台詞《せりふ》があったとしても、よく耳を澄ませていれば「ビュータフル」

と聞こえるはずなんだけど、ついカタカナ表記の先入観で「ビューティフル」と聞こえたり、自分でもそう発音してしまう。

だから、子どものうち、具体的にはカタカナの先入観ができないうちに英語に触れる。文法とかの難しい勉強はあとでもいいから、英語の「音」に馴染《なじ》ませる。そういう教育は大切じゃないかと思いますよ。

一方、「文法がわかっていれば、発音なんかどうでもいいじゃないか」と言う人もいるかもしれません。多少ブロークンでも意味が通じればいいんだ、とね。

でも、実際に自分が海外に行って英語を使う場面を想像してください。

発音が悪いと、かなりの確率で「え？　なに？」と聞き返されます。こうなると、もう日本人はダメなんですね。恥《は》ずかしくなって自分から積極的に話そうとしなくなる。英会話なんて話さないと上達しないのに、その一歩を踏《ふ》み出せなくなる。

結局、発音のおかげで自信を失ったり、積極性をなくしたりして、英語の上達そのものがストップしてしまうんです。

日本人に英語を教えている友人は大勢いるけれど、彼らが口を揃《そろ》えて言うのは、日本人の消極性。せっかく学校に来ているのに、恥ずかしがり屋でなかなか自分から話そうとしない。もちろん国民性の違いもあるんだろうけれど、発音に自信があったら少しは積極的に話せるでしょ？　僕は発音を軽視する考えには反対ですね。

●カタカナ英語のメリットを活かそう

でも、日本のカタカナ英語って大きな強みでもあるんですよ。

僕が初めて来日した高校生のとき、いちばん驚いたのはお辞儀《じぎ》でも満員電車でも和式トイレでもなく、街中に英語があふれていることでした。空港やホテルはもちろん、小さな駅やお店のドアにも「Pull」とか「Push」と書かれているし、田舎《いなか》のおばあちゃんが食べるおせんべいの袋にも「Do not eat」と書かれた乾燥剤が入ってる。

アメリカで日本語を勉強していたとき、いろんな人から「日本では英語が通じないよ」と聞かされていたのに、日本人は英語だらけの環境で暮らしていたんですね。

たとえば、少年野球の子どもたちは「ナイスキャッチ！」とか「ナイスバッティング！」と声をかけあっている。得点経過は「3点リード」とか「2点のビハインド」。素振りの練習だって、監督から「ボールをイメージしてスイングしろ！」と指導される。

これって、ほとんど英語ですよね？

さらに、大人になるともっとたいへんです。

「今度のプロジェクト、コンセプトはおもしろいけど、せっかくコラボレーションするんだから、もっとインパクトのあるキャンペーンが必要だね」

「スケジュールがタイトだから、プライオリティをはっきりさせよう」

というような会話を平気でやっている。

コーラやハンバーガーといった単語だけでなく、コラボレーションとかプライオリティなんて、かなり抽象的で難しい言葉まで自然と使いこなしているんです。これは、世界でもかなり珍《めずら》しいことじゃないかな。

日本人の多くが「自分は英語ができない」と思っているけれど、大間違いです。むしろ日本人ほど、自分たちの言語に英語を取り入れて暮らしている人々はいないでしょう。子どもからお年寄りまで、みんなが知らないうちに英語を使って、馴《な》れ親しんでいる。僕は皮肉でもジョークでもなく、日本は立派な「英語先進国」だと思っています。

たとえばね、これはちょっと自慢しちゃうけど、僕は英検1級を持っているんです。

ずっと「僕は英検3級です」というギャグを使っていたせいで、テレビの企画で受験させられてね。運よく合格できたんだけど、すごくおもしろかったですよ。

まず、1次試験は筆記。英文読解はもちろん、レベルの高い英作文もあります。そして2次試験は面接で、2人の試験官を相手に面接が行われる。読み、書き、聴く、話す、というすべての要素をトータルで評価する、とてもフェアな制度だと感じました。

とくに興味深かったのは、単に語学力だけを試すテストではなかった点です。試験には、時事問題や文化的背景などの知識も必要で、語学力プラスアルファの知識を問われている。これはすごく正しいことだと思うし、さすが英語先進国だと見直しました。

みなさん、「これからは英語ができないと就職できない」と思ってるかもしれないけれど、実際に企業が人を採用するとき、語学力だけを見ているわけではないでしょ？

もしも語学力だけでいいんだったら、採用するのは全員外国人や帰国子女にすればいい、という話になる。でも、実際の仕事では幅広い知識や経験、人間的な魅力が大切になるんです。僕自身、語学が堪能《たんのう》でもほかの能力がゼロ、という人を何人も知っていますしね。

その意味で言うと、プラスアルファの知識が問われる英検は、想像以上に「使える資格」だし、英検の価値はもっと評価されるべきじゃないかな。

●デーブ式・外国語上達の秘訣とは？

ちなみに、僕が初めて日本語に触れたのは、まさしく小学生のときでした。僕はシカゴに住んでいたのですが、5年生のときクラスに「ワタル君」という日本人が転校してきたのがきっかけです。

ワタル君をからかってやろうと思った僕は、本屋さんで日本語会話の本を見て、彼に日本語で「郵便局はどこですか？」と話しかけたんです。すると「どうしたの！　君の日本語はすごいよ！」とほめてくれて、それから彼に『少年マガジン』や『少年サンデー』を見せてもらって、漫画が読みたくて日本語を猛勉強していきました。中でも赤塚不二夫《あかつかふじお》さんの『おそ松くん』と『天才バカボン』は大好きでしたね。言葉は読めなくても、絵を見ているだけでおもしろかった。

そのうち小説まで日本語で読むようになって、出場した日本語弁論大会の演題は「剣道と武士道精神」「三島由紀夫《みしまゆきお》の生涯と自殺」というもので、2年連続で優勝したんですよ。雑誌も『平凡』や『明星』から『婦人公論』まで、手当たり次第に読んでいましたね。小学生時代には一日30個ずつ、高校から大学時代には一日50個の日本語を書き出して覚えるようにしていました。

こんな話をすると、すごく勉強熱心な子どもみたいだけど、いまで言う「オタク」ですよ。日本オタクの日本語オタク。父親がキャッチボールしようとグローブを取り出してきても、バットではなく剣道の竹刀《しない》を持ち出すような子どもでしたからね。たぶん、父親も心配してたんじゃないかな。

もちろん、いまでも新しい日本語を覚えるのは大好きです。まだまだ知らない日本語はいっぱいある。以前、芸能界のある大先輩のお葬式に参列したときにも、「喪主《もしゅ》」や「殉職《じゅんしょく》」という言葉がわからなかったりね。昔みたいに一日50個は無理だけど、毎日3〜5個くらいは新しい言葉をノートに書きとめて、覚えるようにしています。

僕が日本語を覚えるときに気をつけているのは、とにかく「覚えた言葉はすぐに使ってみる」ということ。

覚えたけど使わないままじゃ、ペーパードライバーといっしょです。せっかく苦労して免許を取ったのに、いつの間にか忘れちゃって運転できなくなる。だから、覚えた言葉はその日のうちに使ってみる、というくらいの意識じゃないと、なかなか自分のものにならないと思います。

それから「あとでやろう」も絶対にダメ。

本を読んでいて知らない言葉があったら、その場で辞書を引くこと。「あとでやろう」と言った人が、実際にあとでやった姿なんて見たことないでしょ？

最近は、持ち運びに便利な電子辞書もあるんだし、携帯電話にも英和辞典がついている。

僕が日本語を勉強していた学生時代より、ずっと簡単だと思いますよ。

そして最後に、同じ英語の勉強でも、自分が興味を持てる分野を探すこと。

僕が赤塚不二夫さんの漫画から日本語の世界に入っていったように、好奇心さえあれば勉強は苦にならないものです。自分の興味が強ければ強いほど、その思いが原動力になって習得も早くなります。

僕の場合で言うと、辞書を引いたり暗記したりする面倒臭《くさ》さよりも、『おそ松くん』が読みたいとか、漫画だけじゃなく小説まで読んでみたい、という思いのほうがずっと強かった。そうなれば、勉強も勉強じゃなくなりますよね。

●ネイティブの「音」に耳を澄まそう

日本人はカタカナがあるおかげで、たくさんの英語を取り入れ、ほとんど母国語のように使っている。ボキャブラリーを増やす入り口として、こんなに便利な言葉はない。

しかも、日本人はもともと教育水準が高くてまじめな国民性だから、英語の基礎知識もしっかりしている。英語を学ぶ意欲も十分にある。

ところが、こんなにたくさんの「強み」があるにもかかわらず、五十音という表記上の制約があるせいで、どうしても発音に問題が出てしまう。

もし、こうした問題意識の下で英語の早期教育が進められているのなら、僕は大賛成です。小学校と言わず、幼稚園のうちからでも英語に触れさせたほうがいい。

でもね、ここはすごく大事なところなんだけど、結局「何歳から教えるべきか?」よりも「誰が教えるべきか?」が問題なんですよ。

せっかく小学校のうちから英語を教えても、肝心《かんじん》の先生がカタカナの発音で「アップル」「ニュース」「ビューティフル」と言っているようじゃ意味がない。やっぱり、それなりに経験のある英語の専門家か、欲を言えばネイティブの音に触れさせないと。僕も、何度かネイティブの外国人が子どもたちに英語を教えるスクールを見学したことがあるけれど、やっぱりネイティブが教えると発音は格段によくなりますね。

その意味では、学校よりも家庭でできることは多いと思います。スクールに通わせる余裕がなかったとしても、いまの時代なら家庭の中にたくさんの「教材」があるはずです。たとえば海外ドラマのＤＶＤでもいいし、衛星放送の映画やドキュメンタリーでもいい。ビートルズのＣＤでも、もちろんディズニーアニメだっていい。とにかく、子どもたちに五十音で英語を教えようとせず、もっと素直に耳を傾けさせて、聞こえたままに発音させてほしいですね。

あまり「お勉強」という意識を持つ必要もありません。

先入観を持たない子どもたちなら、ただ英語に触れさせるだけで、大人ではうまく口にできないような発音も、ちゃんと自分のものにできると思いますよ。僕だって、なにかの試験に合格するために日本語を勉強したわけじゃない。

新しい言葉を覚えるって、それだけでも楽しいものなんですよ。

変えるべきは「学校」より「親の意識」

立教大学教授

鳥飼玖美子

とりかい・くみこ—サウサンプトン大学博士課程修了（Ph.D.）。同時通訳者を経て現在、立教大学教授。専門は英語教育学、通訳翻訳学、言語コミュニケーション論。NHK「ニュースで英会話」の監修・講師担当。著書には『危うし！　小学校英語』（文春新書）、『通訳者と戦後日米外交』（みすず書房）などがある。

●英語の早期教育論は幻想にすぎない

「英語はなるべく小さい頃から始めたほうがいい」

「外国語を身につけるには『臨界期《りんかいき》』があり、大人になってからでは遅すぎる」

「日本人が英語を苦手としているのは、幼年期からの教育を怠っているからだ」

これらの主張は、一見したところ正しく思われるかもしれません。とくに、ご自身が英語で苦労してきた親御さんにとっては、「自分も、もっと早くから英語を勉強しておけば身についたのに！」との思いがあるためか、英語の早期教育を歓迎される方も多いでしょう。

しかし、このような英語の早期教育を推進しようとする主張には、ほとんど科学的根拠がありません。そして、いま導入されつつある小学校での英語教育は百害あって一利なし、というのがわたしの意見です。

たとえば家族で海外に赴任したとき、両親よりも先に子どもが英語を覚える、という事例はたくさんあります。大人にくらべ、子どものほうが音に敏感で吸収が早いため、ごく簡単な日常会話程度の英語だと比較的容易に習得できるように見えることは事実です。

ところが、身につけたように見えるのは、結局のところ子どもが使う日常会話、つまり「お子さま英語」なんですね。外国人と意見交換をするとか、ビジネスの場で交渉したり、発表したり、論文を書くといった本格的な英語までは身につきません。

さらに、よく耳にする「言語の習得には臨界期があり、10歳くらいまでに身につけないと、そのあとでは遅すぎる」という話は、母語と外国語を混同させた俗説です。

たしかに、母語の習得にあたっては10歳くらいまでの教育が重要で、たとえば大人になってから読み書きを覚えようとしてもかなり苦労します。一方、外国語の習得については、10歳をすぎてからでも十分に間に合うし、むしろ母語の基礎をしっかり固めたうえで外国語に取り組んだほうが学習の成果もあがるのです。

事実、カナダで移民の子どもたちを対象に行われた調査によると、母語の読み書きができてから英語を学習し始めた子どもと、母語の読み書きができないうちから英語の学習を始めた子どもを比較した場合、母語がしっかりできている子どものほうが確実かつ急速に英語力を伸ばしていく、という結果が出ています。

子どものうちから取り組む意義が唯一あるとすれば、「発音」でしょう。発音に関しては、臨界期があるとまでは言えないものの、子どものうちに取り組んだほうが上手になります。

それでも、外国語であるかぎり、ネイティブ・スピーカーのような発音にはなりませんし、そもそもネイティブのような発音が必要なのか、という問題は、もっと議論されるべきではないでしょうか。

いま世界で使われている英語、そしてこれからの時代に世界で使われる英語とは、「国際共通語」としての英語です。けっしてアメリカ人やイギリス人だけと仕事をするための英語ではなく、使用頻度から考えると、むしろ非英語圏の人々、たとえば中国やインドやスペインなどの人々とコミュニケーションするための英語なのです。

そんなグローバル化した環境の中でネイティブのような発音をめざすことに、いったいどれほどの価値があるのだろう、という問いかけは世界で生まれており、各国語訛りでかまわない、という「世界の英語たち」という考えが浸透してきています。日本人なら日本語訛りでかまわない、ということになります。

言語は個々の人間の思考の拠《よ》りどころであり、アイデンティティと深く結びついています。アイデンティティを失うことは、自分が何者であるかがわからなくなることであり、それは残念なことです。なぜなら、自らのアイデンティティに自覚的であるほど、相手のアイデンティティを認識し、異なる文化を持つ異質な人々を尊重することになり、それが相互理解の出発点となるからです。

ネイティブのような発音をめざす前に、コミュニケーションとはなにか、人間にとっての言葉とはなにか、という点を考えるべきではないでしょうか。

●あまりにずさんな小学校英語の姿

続いて、全国の公立小学校でどのような英語教育が行われているのか、簡単に紹介しておきましょう。

現在、ほとんどの公立小学校が新学習指導要領を前倒しして「英語活動」に取り組んでいます（平成23年度までに必修化）。意外と知られていないことですが、この英語活動なるものは、「必修」とはなりましたが、「教科」ではありません。小学5・6年生に対して週1コマの「外国語活動」、つまり英語活動が実施されているのです。

教科ではないため、教科書はありません。「英語ノート」と呼ばれる補助教材が用意されているだけです。

また、教科ではないことから、教えるのは英語を専門としない学級担任の先生が中心です。算数を教えて、国語を教えて、体育を教えて、はい次は英語の時間ね、という状態になります。

なお、全国で約40万人いる小学校教諭のうち、英語の教員免許を持っているのはわずか

3パーセントにすぎません。もし、小学生にきちんと英語を教えようと思うなら（当然ながら保護者は、そう願っているでしょう）、児童英語教育の専門家を集め、綿密なカリキュラムを組んで準備をしないと、とうてい無理でしょう。全国の小学5・6年生は8万以上の学級がありますが、その学級数に見合うだけの優秀な人材がいるとはとても思えません。

その点も配慮してか、新学習指導要領では学級担任や英語専任の教員が「英語活動」の計画を立て、市町村の教育委員会が派遣するネイティブ・スピーカーの外国人指導助手（ALT）も活用するとされています。しかし、実際には、英語専任の教員を配置していない教育委員会も多く、外国人指導助手についても質・量の両面で不安が残ったままです。地域の人材を活用することも可能ですが、多くは英語教育の専門家ではありません。

これで、なにをどう教えるというのでしょうか？

実際、いちばん困っているのは現場の先生方です。

わたしが講演などで小学校英語のこうした実情について話をすると、多くの保護者が驚かれます。とくに多いのが、「文部科学省がやっているのだから、もっとしっかりした制度だと思っていた」という声です。小学校から英語を必修化するのだから、高校を出るころには英語がペラペラになる、少なくとも自分たちの時代よりはずっとよくなると思い込んでいるわけです。

一方の文部科学省は、「これは『教科』ではない『活動』なのだから、本格的な授業だと思ってもらっては困る。まずは子どもたちに外国語（英語）への興味を持ってもらうことが目的だ」という立場です。両者の溝が埋まるはずもありません。

●最大の問題は親の英語コンプレックス

それでは、どうして文部科学省はこれほど条件整備が不十分なまま、小学校英語の必修化に踏み切ったのでしょうか。

要因は、大きく2つに分けられます。

ひとつは経済界の意向です。かつて景気がよかった頃の大企業は、「英語なんて、会社に入ってからいくらでも学ばせてやる。だから、とにかく人柄がよく、根性のある新人がほしい」という姿勢で採用を行っていました。

しかし、景気が悪くなってくると、そんな豪快なことも言っていられなくなります。社員教育にお金と時間を使う余裕がなくなって、「英語くらい入社前に身につけてこい」と、態度を一変するようになりました。ビジネス場面を想定した表現が中心の英語能力テストであるTOEICが重視され、日本の受験者数が急増するようになったのも、ちょうどこの時期と重なります。

もうひとつの原因は、保護者をはじめとする国民全体の世論です。

採用について、企業が「TOEIC◯◯点以上」といった基準を設《もう》けるようになると、当然、親たちは焦《あせ》ります。わが子には自分のような苦労をさせたくないと痛切に思い、これまでの学校英語ではダメだ、早くからやれば楽に効果があがるだろうと考え、それが「外国語の習得には臨界期がある」「英語を身につけるには早期からの教育が大切だ」といった早期教育の俗説への支持となり、大きな世論となって文部科学省を動かしていったのです。

だからといって、文部科学省が世論に押されて泣く泣く不完全な英語教育を導入したのかというと、そうではありません。むしろ、世論をうまく利用して「改革」を進めたという面もあります。

そしてもうひとつ、小学校英語の大きな原動力となった「保護者の英語コンプレックス」

についても言及しておくべきでしょう。

学生時代に英語で苦労された方々の中には、自分が受けた英語教育に恨《うら》みを持っていたり、自分の英語力にコンプレックスを感じていたり、英語に対して過度なあこがれを抱いたりしている人が少なくありません。

そんな保護者たちの持つ「自分が英語を苦手としているのは、取り組む年齢が遅かったからだ」「学校での教え方が悪かったからだ」「もっと早くから勉強していれば、自分もペラペラになったはずだ」という思いが、小学校英語教育の実施への原動力となったことは間違いないでしょう。

●なぜ英語にだけ過度に期待をかけるのか

わたしが不思議に思うのは、なぜか英語にかぎっては、多くの保護者が学校教育に過度な期待を寄せていることです。

たとえば体育の授業でサッカーをやったとして、誰も「学校でサッカーをやったのにJリーガーになれなかった。これは学校教育がおかしい」などとは思いません。野球選手になれなかったのは学校のせいだ、とは言いません。数学が苦手だとしても、とくに文句《もんく》は言わない。にもかかわらず、英語にかぎっては学校教育に過剰な期待を寄せて、「中学・高校と6年間も勉強したのに身につかないのは、教育が間違っている」と考えてしまう。

これって、おかしな話だと思いませんか？

よく「アメリカの子どもたちは、5歳や6歳で英語をしゃべっている」と言う方がいます。子どもでさえ数年で身につけるのだから、中学・高校と6年間も勉強した日本人も、多少は英語ができないとおかしい、と。

しかし、アメリカの子どもたちは、生まれた瞬間からずっと英語に囲《かこ》まれて暮らしているのです。周りの大人が話すのも、テレビやラジオから流れてくる言葉も、すべてが英語。睡眠以外のすべてが英語漬《づ》けだと考えるなら、毎日十数時間も実地訓練を受けていることになる。しかも、周囲の大人とやりとりをしながら、コミュニケーションに試行錯誤《しこうさくご》しながら少しずつ身につけていくのです。

それに対して日本の中高生の場合、周囲はすべて日本語で、英語に接するのは授業中だけというのが普通です。せいぜい一日1～2時間しか英語に触れていない。公立中学校にかぎって言えば、週に3コマ（2011年からは週4コマ）の授業しか行っていません。

これだけ環境に違いがあるのに、日本とアメリカを同じ「6年間」だと考えるのは、あまりに早計でしょう。

しかも、アメリカの子どもたちが5〜6歳で身につけるのはごくごく簡単な日常会話で、たとえば関係代名詞をちゃんと使いこなせるようになるのは、12〜13歳。つまり、中学生くらいになってからです。

日本人（にかぎらず、英語圏以外のどこでも）が中学・高校の授業だけで英語を身につけようとすることが、どれほど難しい話であるか。これは保護者だけでなく、日本人全体が考えるべき問題かもしれません。英語を自在に使いこなし、英語の達人と言われているような人は、自分から言わないだけで、誰しも相当な努力をしています。けっして学校だけで英語を身につけたわけではなく、自主的に学ぶ努力をしたはずです。

●学校に任せず、子どもといっしょに勉強する姿勢を

これだけ多くの問題を抱えた小学校英語ですが、この先どうなっていくのかは容易に想像がつきます。

まず、あと5年や10年も経《た》てば、いまの形での小学校英語になんの効果もないことがわかってくるでしょう。とくに小学校から中学校にかけての勉強は、先生の影響がとても大きいので、英語が好きな先生が教えないと、小学校の段階で英語を嫌いになる可能性も出てきます。

そして、小学校を卒業した子どもたちを受け入れる中学校からしてみたらどうでしょう。A小学校の卒業生は週5時間、B小学校では週1時間だけ、C小学校は1年生からやっている、などというように、出身校ごとに受けた英語教育にバラツキがあることになるわけです。

すると、やっぱり「活動」では不備が多いから、国語や算数と同じ「教科」にしよう、という話になるでしょう。しっかりと教科書もつくって、週に何コマ授業を行うかも決めて、成績評価も出しましょう、と。

それでも、大きな効果があるとは思えません。肝心の教員養成が心もとないのと、小学校と中学校の接続さえ十分に練《ね》られておらず、小中から高校卒業まで一貫した英語教育の理念と目標が曖昧《あいまい》なままだからです。

導入から10年、20年と経ったとき、ようやく間違いだったことが一般に知れ渡るようになり、修正に向けての議論が活発化してくるのではないでしょうか。このあたりは、個性や自主性を伸ばすという建《た》て前《まえ》で進められた「ゆとり教育」と同じような流れをたどるのではないかと思われます。

ちなみに、わたしが考える英語教育の最重要課題は、中学校の英語教育改革です。小学校で英語を導入する予算があるのなら、それをすべて中学校に注《そそ》ぎ込んでほしい。たとえば1学級を20名くらいの規模にして、すべての生徒に教師の目が行き届くようにする。そしてもちろん、教員養成を充実させることで教師の質を向上させ、教材も充実させて、中学の段階でみっちり勉強させるのです。

中学校時代こそ、英語学習にとって最適な年代です。母語能力も備え、認知能力が発達し、柔軟性があり吸収力もある。しかも、英語もほかの教科も、だいたい生徒がつまずき始めるのは中学校なんです。

だから、中学校を大幅に改革するだけで、この国の教育環境は劇的に変化すると思います。

そして、保護者の方々に申し上げたいのは、英語の勉強を学校任せにしないこと。中学生の保護者であれば、一度お子さんの英語の教科書を読んでみてください。きっとびっくりされるはずです。会話文ばかりで読む量が驚くほど少なく、文法学習はほとんどない。扱っている単語数もわずかなものです。

英語という言語の体系的な仕組みを学ぶ機会が十分にないまま、読み書きの基礎が脆弱《ぜいじゃく》なまま、義務教育を終えているのです。インターネット時代に必須《ひっす》なのは、読んで書く英語力だというのに。

それなのに、いまだに多くの大人たちは、「日本の英語教育は読み書き文法ばっかりでダメだ」と思い込んでいます。自分たちの受けた教育を基準に考えているんですね。

だから、自分自身は英語が苦手であっても、けっして学校に任せきりにせず、むしろお子さんといっしょに勉強していくというくらいの意識を持ってほしいと思います。だって臨界期などは存在せず、英語への取り組みは何歳になってからでも間に合うのですから。

2時限目
中高一貫校は幸せへのプラチナチケットか

その受験で幸せになるのは
子どももじゃなくて
あんたたちだろ!!

【桜木の発議2】

中高一貫校に「未来」はあるか？

このところ、私立一貫校がかつてないほどの人気を集めている。その背景にあるのは、公立校への不信だ。メディアでは盛んに「学力低下」や「学級崩壊」の危機が叫ばれ、公立校の威信は落ちるところまで落ちた感さえある。

しかし、小学生に受験を強《し》いることが本当に正しいのだろうか？　仮に合格できたとして、一貫校を選んだことで失ってしまうものはないのだろうか？　もしかすると受験ビジネスにうまく取り込まれているだけではないのか？　そもそも、成長の過程にある子どもたちの「頭のよさ」を判定することなど可能なのか？

そこで、教育や子育て、またそのサポートに活躍される方々に率直な意見を伺《うかが》った。ぜひ、世間の常識に流されることなく耳を傾けていただきたい。

有名私立中学への進学は人生の「保険」ではない

元・杉並区立和田中学校校長

藤原和博

ふじはら・かずひろ——1955年、東京都に生まれる。東京大学経済学部卒業後、リクルートに入社。2003年から5年間、都内では義務教育初の民間校長として和田中学校校長を務める。現在、東京学芸大学客員教授、大阪府特別顧問を務め、「よのなかnet」でジャンルを超えて活動中。

●過熱する一方の一貫校受験ブーム

現在、子どもを持つ親御さんたちの私立一貫校の受験熱は、かつてないほどに高まっています。

たとえば、受験・教育情報誌が複数のビジネス系出版社から刊行され、人気を呼んでいる。もはやわが子の教育は、母親層だけでなく、普段はビジネス誌を読んでいるようなビジネスマンにとっても大きな関心事なのです。

こうした動きの背景には、大きく2つの要素があると思われます。

第一に挙げられるのは、僕が「ゆとりバブル」と呼んでいる偏《かたよ》った学力低下騒動と、そこからくる公立校への不信です。

そして第二に、メディアによる一連の「勝ち組・負け組」キャンペーン。

この両者が重なることで、「勝ち組の子どもは私立校へ」という風潮ができあがり、有名私立一貫校のブランド化が加速しました。乱暴な言い方をするなら、公立校は負け組の入り口であり、真剣に子どもの将来を考える親なら当然、私立の一貫校を受験させるべきだという空気が醸成《じょうせい》されていったのです。

しかしながら、仮に有名私立一貫校に合格できたところで、幸せな将来を約束されるわけではありません。一貫校は、なんらかの元本を保証してくれる「保険」ではなく、むしろかなりのリスクを抱えた「投資」なのです。当然ながら、それまでに投じたすべての時間、労力、お金がゼロになってしまうことも十分ありえます。

そしてなにより、公立校には私立校にない魅力がたくさんあるし、とくにこれからの公立校には大きな可能性が広がっています。

そこで最初に、現在の中学受験がどのように行われているかについて、簡単に紹介していくことにしましょう。

●難関中学受験は親の力が9割

まず、いまの中学受験では、小学3年生の段階で受験勉強がスタートします。それまでいっしょに遊んでいた友達が、みんな塾通いを始めるようになる。遊ぶ相手がいなくなってしまう。こうなると、子どもとしては「自分も塾に行きたい」と考えるようになるし、親としても「自分の子どもだけ塾にもやらず、遊ばせておくわけにはいかない」と思うようになります。

同調の圧力がかかるおかげで、さほど中学受験に興味のない家庭でも、なんとなく塾通いをスタートさせるのです。

さらに、一度塾通いを始めてしまうと、もうあとには戻れません。友達みんなが中学受験のレールに乗って進んでいるのに、自分だけ途中下車するという選択肢は、現実的にはありえないのです。

ただ、現場を知らない大人にかぎって、「小学生のうちから塾に通わせるなんてかわいそうだ」「成績順でクラス分けするのは教育上よくない」などと批判しますが、多くの子どもたちは塾を楽しんでいます。成績順でクラスが分けられることもゲーム感覚で受け入れていますし、学校では友達ができないけれど塾にはたくさんの友達がいる、という子どもも少なくありません。

実際の話、嫌々ながら塾に通っている小学生はほとんどいない、と思っていいでしょう。たとえ勉強が嫌いであっても、「学校ではない場所」にみんなと集まる塾は、刺激的でおもしろいものなのです。

そして、ここが重要なのですが、難関中学受験はひとえに「親の受験」であり、極言するなら、「母親の力が9割」だということを知っておくべきでしょう。

難関校をめざす塾は、授業のレベルが非常に高く、親のサポート抜きでは毎日の宿題さえ満足にこなせません。そのため、毎晩遅い時間まで母親が子どもの隣《となり》に座って、ときにはいっしょに夜食を食べながら、一問ずつ懇切丁寧《こんせつていねい》に教えていく必要があります。こんな地道な作業を何年も続けられる熱意と忍耐力を持った母親だけが、わが子を難関校へと導くことができるのです。

さらに、中高一貫校に入って大学まで推薦で進むようだと、受験という社会からの厳しいジャッジを自分一人で経験しないまま、社会に放り出されることになります。そして中学受験当時の親子関係から抜け出せないまま、心理学で言う「共依存《きょういぞん》」という状態に陥《おちい》って、親離れ・子離れが難しくなってしまうことも考えられるのです。

本人の自立を促《うなが》したければ、親がべったりとサポートしながら中高一貫校に入れるよりも、普通に高校・大学受験をさせたほうがよいでしょう。

また、中学受験をめざす小学生の場合、どこまでが本人の意思なのか、その動機づけを見極めることが非常に難しいと言えます。

これは男の子と女の子の両方を育てた親ならわかるでしょうが、小学生当時の精神面での成長は、女の子のほうが2〜3年くらい早くなるのです。

だから、小学校高学年の女の子が「あの私立中の制服が着たい」と言って、中学受験を考えるのは大いにありうる話です。その意味で女の子の中学受験は、本人の意思であるかどうかが見極めやすい。

一方、男の子の場合は非常に難しくなります。たとえ「あの私立中に行きたい」と言ったとしても、本当にそう思っての言葉なのか、それとも親の期待に応《こた》えたくてそう言っているだけなのか、なかなか動機づけの見極めが難しい。きっと本人にさえ、実際の気持ちはわからないでしょう。

とりわけ男の子の場合は、受験の過程で母親と結びついて「共依存」の関係に陥りやすいので、十分な注意が必要でしょう。

●子どもの「居心地のよさ」を優先しないこと

続いて、入学後の問題についても触れておきましょう。

僕の考える一貫校最大の問題は、生徒や保護者の同質化です。私立一貫校の場合、生徒たちの学力が同じというだけでなく、同じような価値観、同じような家庭環境、同じような保護者が集まった「同質集団」になりがちです。

同質集団って、居心地はいいんですよ。人間関係のストレスが少ないし、相互理解も簡単だし、部活を通じて先輩とタテの縁《えん》もできやすい。将来「いい会社員」になるには、とても優れた環境です。

それに中高一貫だと、中学1年生と高校3年生が同じ空間ですごすことになる。これは自分のお手本となるべき人物（ロールモデル）を見つけることにもつながるし、とてもいいことだと思います。

ただ、この「居心地のよさ」が問題なんですね。とくにお母さんたちは、わが子を心配するあまり、彼らの居心地のよさばかりを優先しようとします。

わかりやすいところで言えば、教室にエアコンがあるかどうか。公立校には教室にエアコンのないところが多いのですが、なにか特別な教育方針がないかぎり、ほとんどの私立校では保護者の要望に応じる形で教室にエアコンを完備しています。

一方、公立中学校は完全な「異質集団」です。

生徒たちの学力にも大きなバラツキがあるし、家庭環境も違えば価値観も違う。もちろん、両親の職業や年収、教育方針もバラバラです。

同質集団である私立一貫校に比べ、人間関係のストレスは大きいし、教室にエアコンなんかないし、入学して2年後には高校受験が待ち構えています。常識的に考えて、とても居心地がいいとは言いがたい環境でしょう。

でも、誰だって自分の人生を振り返ってみればわかるように、人はむしろ、居心地の悪い困難な環境でこそ成長するものです。

たとえば、公立校の異質な集団の中で揉《も》まれていくうちに、多様な価値観を知り、自分と異なる価値観を広く受け入れ、精神的にも強くなっていく、という側面があるのは事実でしょう。

そして意外と知られていないことですが、中高一貫校ではどうしても「中だるみ」が出てしまいます。

なにかと誘惑の多い14〜15歳のときに、高校受験という大きなハードルを課せられることは、子どもたちが自らを律《りっ》したり軌道《きどう》修正するうえで非常に大きな意味を持っています。

しかし、中高一貫校に通っているとその機会も得られないまま、ずるずると誘惑に流されていく。そうした例は数多く見受けられます。

大切なのは、このとき親が頑《がん》として子どもに「NO」と言えるか。話し合って納得させるとかではなく、「NOはNOだ」と言い切れるか。

最近の中高生には、反抗期がない子どもも少なくありません。親と「友達のような関係」を築き、親が子どもの都合を優先しようとするためです。

とくにここ10年ほどで中高生にケータイとパソコンが行き渡るようになって、自分の部屋がホテルのような状態になっています。食事と洗濯サービスつきの超プライベート空間で、部屋の中にいながら友達同士とつながっていられる。だから、家を出たいという気も薄れるし、親離れもできにくくなる。

居心地のよすぎる空間にいると、人は言葉が減ります。言葉を発して誰かに異《い》を唱《とな》えたり、自分の意思を伝える必要がなくなり、コミュニケーション能力が衰《おとろ》えていきます。

わが子を思う気持ちがあるのなら、あえて居心地の悪い状況を経験させる、という選択肢も考えてみるべきではないでしょうか。

●学力低下より深刻な「雇われる力」の低下とは?

続いて公立校の学力低下問題ですが、これも大事な点が見落とされたまま表面的な議論が進んでいる、というのが僕の印象です。

多くのマスコミや保護者の方々は、ゆとり教育によって教育現場がゆるんだ結果、学力低下が引き起こされたと思っています。

しかし、実際に学校の現場で子どもたちと接してきた僕の感想は違う。最大の問題は、子どもたちの情報環境が激変したことにあるのです。

具体的に言えば、子どもが一日2~3時間観るテレビ、インターネット、そしてケータイの登場によって、学校と大人が知識を独占できなくなりました。かつては学校と親が知識を独占していたため、子どもたちはほとんど無条件に彼らに従っていたのですが、現在は学校や親に頼らずとも知識を習得できるようになったのです。

こうなると、当然学校への動機づけは下がるし、親や大人に対する態度にも変化が出てきます。

そして僕が問題だと思っているのは、読み書きそろばん的な学力の低下より、エンプロイアビリティ（雇《やと》われる力）が下がっていることです。

戦後の経済復興から高度成長期までの日本は、工業を中心とした産業化の社会でした。産業界には「もっと安く」「もっとたくさん」「もっと標準的に」という「正解」があり、素早く正解を導き出す力、つまり情報処理力が求められていました。

情報処理力の高い労働者を量産するには、なによりも読み書きそろばんです。

実際、戦後日本の公教育は、読み書きそろばんの「正解主義」を徹底させることで国全体を底上げさせていきました。独創的な発想は「不正解」と見なして叩《たた》き潰《つぶ》す。そこまでして、正解主義を貫《つらぬ》いてきたのです。

しかし現在、先進国の工場はどんどんアジアに移動しています。情報処理力の高い労働者も、中国やインドで量産されるようになりました。国内でも、単純な事務作業はすべてＩＴでカバーできるようになっています。正解主義の基礎学力だけでは、とうてい対応できない時代になっているのです。

じゃあ、これからの日本人に求められるのはどんな力か。

僕は、これまでの情報処理力に対して、この力を「情報編集力」と呼んでいます。

これまで重視されてきた情報処理力とは、あらかじめ正解の決まったジグソーパズルを一秒でも早く完成させるような力です。端的《たんてき》に、頭の回転の速さだと思ってください。

一方の情報編集力とは、ＬＥＧＯ《レゴ》のブロックを自由に組み立て、大きな街や宇宙船を創りあげる力だと考えてもらうといいでしょう。そこには決まった正解などありません。街を創ろうと、恐竜を創ろうと各人の自由です。ここでは頭の回転の速さよりも、頭の柔《やわ》らかさが求められます。

ひるがえって現在、学力低下騒動の根拠として語られるデータには、大きく2つの国際学力調査があります。

ひとつは、読み書きそろばん的な情報処理力を重視した「TIMSS」という調査。そしてもうひとつが、読解力や数学的リテラシー、科学的リテラシーなどの情報編集力を判定する「PISA」という調査です。

これまで、日本の学校教育はTIMSS型に偏《かたよ》りすぎていましたが、文部科学省も、新学習指導要領からようやくPISA型学力の重要性を指摘するようになりました。読み書きそろばんや正解主義だけではやっていけないことを認めたわけです。

じつは、中高一貫校の危《あや》うさはここにも潜《ひそ》んでいます。

先にも述《の》べたように、中高一貫校の受験勉強は小学3年生からスタートします。そしてよほどハイレベルな大学ならともかく、ほとんどの受験は典型的な正解主義であり、情報処理力の勝負です。

常識的に考えて、10歳にも満たないうちから正解主義のど真ん中を進んでいれば、なんらかの影響が出るのは当然でしょう。

実際、中高一貫校に入学する生徒の中には、勉強を「与えられた問題を解《と》くこと」だと思っている子が少なくありません。課題を与えられたら喜んで解くけれど、自分から課題を探そうとはしない。そして、どんなものごとにも正解があると考える——まさに「正解主義」の申し子です。

一方、異質集団である公立校は、「正解はひとつではない」ことを肌で実感して、情報編集力を育《はぐく》んでいくのに適した環境であると言えます。

表面的な学力低下を嘆《なげ》くよりも、「成長社会から成熟社会へ」という社会構造の変化を踏《ふ》まえ、「情報処理力から情報編集力へ」という教育のあり方を考えるべきでしょう。

●公立校の強みはこれから生きてくる

さて、公立校にとって最大の武器は「地域コミュニティ」の存在です。

僕は杉並《すぎなみ》区立和田《わだ》中学校の校長時代、大学生から塾関係者、そしてもちろん保護者や学校OB・OGまで、地元の人的資源を総動員して学校内に「地域本部」をつくり、学校再生にあたりました。前例主義に縛《しば》られることなく、手段は選ばず、有効だと思えることはすべてやったつもりです。

たとえば、教員志望の大学生による「土曜寺子屋（ドテラ）」や、塾講師による補習授業の「夜スペ」。そして身近な事柄（たとえばハンバーガー屋さんなど）を基点として地理や経済、法律など世の中全体のことを学んでいく「［よのなか］科」など、たくさんの改革を行いました。

図書室だって、埃《ほこり》をかぶったような本は5000冊ほど処分して、代わりに人気作家の小説や文学性の高い漫画をたくさん入れて、放課後に開放する。もちろん、司書なんか雇《やと》うお金はありません。でも、地元の本好きな大人たちに運営を任せていればしっかりと回っていくし、実際に子どもたちの利用率も大幅に向上しました。

そしてなにより、こうやってタテ（親や教師）でもヨコ（友達）でもない大人を学校に招《まね》き入れ、彼らと接する機会をつくることで、「ナナメの関係」が生まれます。

人生にとって本当に役立つのは、このナナメの関係であり、地域に根ざしていない私立校では、ここまでの活動は難しいでしょう。

こうした地域との結びつきを強化する動きは全国的にも広がっていて、文部科学省も2008年から、「学校支援地域本部事業」として動き始めています。これは、単なる教育の改革というだけではなく、地域社会と地域経済を再生させようとするプランです。

地域間格差の問題が深刻化して以降、いかにして地域を活性化させるかは重要な課題となっていました。でも、さびれた商店街にいくらお金を落としたところで地域の再生にはつながらない。

そこで、学校を地域の「核」と位置づけることによって、もう一度地域コミュニティや地域社会を再生させようという動きが進行しているのです。おそらく今後5年間で、公立校を取り巻く環境は激変するでしょう。

●公教育に「参戦」せよ！

結論として言えるのは、有名私立校は「仕立てのいい既製服」だということです。

ブランドの魅力は高く、総じて質もいいから長く着ることができる。しかし、自分好みにカスタマイズすることはできません。

受験では、子どもの意思がはっきりしない小学3〜4年生のうちから「途中下車のできない列車」に乗せることになるわけで、それなりのリスクを背負《せお》うことは覚悟《かくご》しておいたほうがいいでしょう。

僕は以前、知り合いから、「わが子に有名私立校を受験させるのは、母親のリベンジ（復讐《ふくしゅう》）だ」と言われてハッとしたことがあります。

自分の人生に対するリベンジなのか、自分の親に対するリベンジなのか、夫に対するリベンジなのか、あるいは社会全体に対するリベンジなのかはわかりません。しかし、「中学受験は母親の力が9割」という現状を考えるにつけ、一部に自らのリベンジをモチベーションとする母親たちがいるというのも否定しがたい話ではないでしょうか。

自分はなぜ、わが子に中学受験をさせるのか、その選択が本当に子どもの幸せにつながるのか、もう一度考えてみることも、きっと意味のあることだと思います。

一方の公立校は「オーダーメイドの服」ですね。

ブランド力は低くとも、わが子の受ける教育をかなり自由にカスタマイズできる。学校にクレームをつけるのではなく、自分から提案したり、中に入って手伝ったりすることができる。

というのも、これからの公立校では、保護者や地域住民が学校運営や教育活動に直接参画できる「学校運営協議会」という組織が設置されていくからです。この制度を定着させるためにも、ぜひ教育を学校に任せっぱなしにしたりせず、もっと学校に「参戦」してほしいですね。

みなさんは親であると同時に、貴重な知識や経験を持った地域の教育資源でもあるのです。そして公立校の強みは、みなさんの参戦あってこそ発揮《はっき》されるものなのですから。

受験ストレスから逃げず、成長する機会と考える

メンタルトレーナー

田中ウルヴェ京

たなか・ウルヴェ・みやこ——1988年、ソウル五輪シンクロデュエットで銅メダル獲得。コーチを経て渡米、大学院でスポーツ心理学を学び、修士修了。現在、心と身体の健康をテーマに活動を行っている（http://www.coping.jp）。著書に『「最高の自分」を引き出すセルフトーク・テクニック』（祥伝社）ほか。

●受験は本当にストレスなのか？

いわゆる「お受験」に代表されるように、このところ教育熱心なご家庭の間ではエスカレーター式の一貫校に人気が集まっています。

一貫校を希望される理由は当然いろいろありますが、中でも「高校受験や大学受験で苦しい思いをさせたくない」と考えられる親御さんのお話をよく聞きます。極端に言えばど

んな学校でも、最初に一貫校に入れてしまえば、もう受験のストレスから解放される、というわけです。

わたし自身、2人の子を持つ親でもありますし、わが子の将来を案じる気持ちは痛いほど理解できます。メディアなどでは「一貫校に入れるのは親の見栄《みえ》だ」との批判が出ることもありますが、たかが見栄のためにこんなに苦労はしない、というのがすべての親御さんの気持ちではないでしょうか。

しかし、もしも「受験で苦しい思いをさせたくないから一貫校へ」と本当に考えておられるとしたら、「苦しい思い」をしないことがお子さんの成長にどんな影響を与えるのか、冷静に考えるべきかもしれません。

たとえば、筋力トレーニングでは筋肉に強い負荷《ふか》をかけ、筋組織をいったん破壊することによって、痛みを伴《ともな》いながら筋肉の増強を促《うなが》していきます。

これと同じように、人間の心も適度な負荷（ストレス）をかけることによって、鍛《きた》えられていく部分は確実にあります。

なにも「子どもを甘やかすな！」という根性論を唱《とな》えているのではありません。もっと科学的・心理学的に実証された、心の働きについて話をしているのです。

そこで最初に、わたしたち人間を悩ませる「ストレス」とはなんなのか、その正体から見ていくことにしましょう。

そもそも心理学では、ストレスのことを「刺激によって心身に〝ひずみ〟が生じた状態」と定義しています。たとえば、騒音のひどい場所にいて頭が痛くなる。これは、①騒音という「刺激」によって、②心身のバランスが崩《くず》れた（ひずみが生じた）結果、③頭が痛いという身体的なストレス反応が出た、と考えるわけです。

続いて、ストレスを招く刺激のことを「ストレッサー」と呼ぶのですが、ストレッサーにはさまざまな種類があります。たとえば痛みや騒音などは「物理的な刺激」、誰かに叱《しか》られたり口論したりすることなどは「心理的な刺激」にあてはまります。

ここでは受験というテーマに即して、心理的なストレスについて考えていきましょう。

もし、針で腕を刺されたとして、まったく痛みを感じないという人はほとんどいないでしょう。物理的な刺激は、程度の大小はあるにせよ、多くの人が同じようなストレスを感じます。

一方、心理的な刺激については、反応にかなりのバラツキがあります。

たとえば結婚式でスピーチするとき、ガチガチに緊張してうまくしゃべれない人もいれば、まったく緊張せず饒舌《じょうぜつ》にしゃべる人もいますね。

ここは非常に重要なところで、同じ「人前でスピーチする」という心理的刺激を受けても、それを「嫌なものだ」と評価すれば、緊張やイライラなど負《ふ》のストレスを感じるのに対して、それを「好ましいものだ」と評価すれば、負のストレスを感じないのはもちろん、逆にやる気などプラスのストレス反応を引き出すこともできるのです。

つまり問題は、「どんな刺激を受けるか」ではなく、「その刺激をどう〝評価〟するか」なのです。

それならば、刺激から逃げるのではなく、刺激を受けても、それに対する評価や解釈を鍛えていこう、というのがわたしの専門とする「コーピング（Coping）」という技術の基本的なスタンスです。

コーピングのコープ（Cope）とは、「立ち向かう」「難局に対処する」といった意味の言葉で、ストレスを自分自身でコントロール（調整）するためにスポーツ心理学や認知行動療法の世界で生まれた技術なのです。

●目標は合格ではない

もちろん、コーピングの考え方は受験にも応用可能です。

受験を「嫌なものだ」と評価するか、それとも「自分を成長させる絶好のチャンスだ」と評価するかによって、本人の感じるストレスは大きく変わっていきます。

とりわけ中学校や高校の受験では、本人だけでなく親の意識が重要です。親が受験を「嫌なもの」「苦しいもの」と評価していたら、その受験観は、そのまま子どもにも影響するのです。

そのためわたしは、お子さんの受験で悩んでいるお母さま方に対して、まず最初に「あなたは受験をどう捉《とら》え、お子さんにどう伝えていますか?」と質問します。

ここで「受験は苦しく、嫌なものだ」と考えているようなら、次のステップは「考える」ことと「感じる」ことの仕分け作業です。

受験が自分を苦しめるのではなく、受験は嫌なものだという「わたしの考え」が自分を苦しめている、と理解する。これができるだけでも、受験に対する意識は大きく変化するでしょう。

子どもたちに対しても、同じことをやります。以前、わたしは小学4年生の子どもたちと次のようなやりとりをしました。

「ねえ、みんな。〝感情〟って知ってる？」

「うれしいとか悲しいとか、むかつくとか」

「じゃあ、感情はどこからやってくる？　どんなときにむかつくの？」

「お母さんに怒《おこ》られたらむかつく」

「でも、お母さんに怒られてもむかつかないことだってあるよね。どうしてだろう？」

「うーん、怒られて当たり前のことをしたから」

「へーえ、おもしろいねえ。怒られて当たり前だと思ったら、むかつかないんだ」

こうやって自分の受け止め方、自分の評価や解釈によって感情が動くことを少しずつ理解させるのです。そうすれば、たとえ小学生でも、自分の解釈をコントロール（抑制《よくせい》ではなく調整です）しようという意識が芽生《めば》えていきます。

そして大切なのは、ゴールの再確認。

みなさんにとって、本当のゴールはお子さんが合格することではなく、幸せになることではないでしょうか。お子さんの幸せな人生を願って、一貫校という選択肢を考えるようになったわけですよね?

最終的なゴールがどこにあるかを見誤ってしまうと、合格した途端《とたん》に目標を見失って、進むべき道がわからなくなる可能性があります。だから、どうしてその学校に行きたいのか、合格したあとにどんなことをしたいのか、お子さんといっしょに考えてみましょう。「みんな行くって言っているから」とか「有名校だから」というのは理由になりません。自分の中にある「べき論」に疑《うたが》いをかけて、ひとつずつ検証していくのです。

わたし自身、オリンピックでメダルを獲得したあと、目標を見失って非常に苦しい思いをしました。

現役時代は、オリンピックというわかりやすい目標があったので、迷うこともなかったし、どんな厳しい練習でも「これを克服《こくふく》したら目標に近づく」と思えていました。ところが、いざメダルを獲得して競技からの引退を決意すると、「目標がない」という新しいストレスが生まれたのです。人の言葉にも敏感になるし、なんでも他人のせいにしたり、環境のせいにしたり、精神的にどん底まで叩《たた》き落とされました。

そして藁《わら》にもすがる思いでアメリカに渡り、大学院でスポーツ心理学を学ぶうちにコーピングと出会ったのです。

実際、なぜスポーツ心理学の世界でコーピングが発達したかというと、大会で最高のパフォーマンスを発揮するためというより、むしろ引退時のケアに有効なんですね。

スポーツ選手は引退のときこそ、それまでの価値観を再確認する必要があるし、「正しく悩むこと」が必要なのです。一般にオリンピック選手というと、強靭《きょうじん》な精神力の持ち主だと思われるかもしれませんが、現役時代に大活躍していた選手ほど、競技を引退したことによる喪失感《そうしつかん》は巨大なものになる可能性があるのです。逆に言えば、あまりに大きいストレスだからこそ、「気づきたくない」と心に完全にフタをして現実を受け入れられなくなってしまう選手もいるのです。

これを受験に置き換えるなら、受験の過程よりむしろ受験が終了したときこそ、目標を見失ってしまわないよう家族のフォローが重要になるといえるでしょう。

●ポジティブ・プッシングの8ヵ条

心理的な刺激は、刺激そのものが問題なのではなく、その刺激をどう評価するかによって、ストレスの方向性や感じ方が変わってきます。

それでは、受験やその他、「人生の課題」に立ち向かうとき、どうすればその刺激を「好ましいものだ」と評価できるようになるのでしょうか？　とくに、受験の直接的な当事者ではない親は、子どもに対してどんなサポートができるのでしょうか？

そこでぜひ覚えていただきたいのが、スポーツ心理学のジム・テイラー博士が提唱する「ポジティブ・プッシング」と呼ばれる次の8ヵ条です。

第1条　「わたしは愛されている！」（自己親愛感）

第2条　「わたしはできる！」（自己効力感）

第3条　「大事なのは挑戦すること！」（チャレンジ精神）

第4条　「自分の行いに責任を持つ！」（自己責任感）

第5条　「失敗しても大丈夫！」（失敗受容感）

第6条　「間違っても修正できる！」（逆境対処能力）

第7条　「自分のやっていることが楽しい！」（自己幸福感）

第8条　「わたしは変わることができる！」（自己変容感）

親が常にこの8つを意識しながら子どもと接し、子どもがこの感覚を持てるよう導いていくこと。そうすれば、受験や人生の課題に対して過度にストレスを感じることはありません。

まさに筋トレと同じように、負荷を「心地よい刺激」「成長のための刺激」として深い意味で楽しむことができるでしょう。そして仮に、結果が不合格であっても、クヨクヨ落ち込むことなく、次に向かって進んでいけるはずです。

わたしは自分自身が一貫校で育ち、おかげでスポーツに集中できたこともあって、けっして一貫校を否定するつもりはありません。とくに、建学の精神がしっかり根づいた伝統校では、長い時間をかけて倫理的な価値観を醸成していくこともできるなど、公立校にはない長所もたくさんあります。

しかし、家庭の中にポジティブ・プッシングの考えが浸透《しんとう》しているなら、公立の小中学校を経由して高校・大学受験にチャレンジすることは、非常にいい選択肢でしょう。受験を経験することで精神的にも大きく成長できるし、自立心や向上心も芽生えやすくなると思われます。もちろん、ポジティブ・プッシングによって形成される自己像や人生観は、社会に出てからも大いに役立つものです。

子どもに「わたしは愛されている！」と思ってもらうには、どう接するべきなのか。子どもに「わたしはできる！」と自信を持たせるには、どうすればいいか。なにかにつけて「それが人生よ」「うちはそういう家庭なの」と変化することを禁止して、チャレンジ精神の芽を摘《つ》んでいないか。

8ヵ条をひとつずつ再確認することは、子どもとの向き合い方そのものを問い直す作業になるはずです。

このとき、ぜひ気をつけてほしいのは〝がんばれ〟という言葉の使い方です。

たとえば英語圏で人を応援するときは、一般に「Have fun!」という言葉が使われます。直訳すると「楽しんで！」になりますが、彼らはどんな逆境も能動的にエンジョイするくらいの気持ちがないと実力を発揮できないと知っているため、こうした言い回しを使うのです。

一方、日本語の〝がんばれ〟は「頑《かたく》なになって張れ」と書いて「頑張れ」ですから、これほど緊張を強いる言葉もないでしょう。

もちろん英語の「Have fun!」も「ラクしなさい」という意味ではありません。しかし、無用な緊張をしないですむように、一種のポジティブ・プッシングをする言葉です。

がんばれという親の過剰な応援は、ときとして子どもを追いつめてしまうことがあります。その応援が本当に子どものためになっているのか、プレッシャーになっていないかは、親として十分に注意する必要があるでしょう。

●「やる気」を引き出す唯一の方法とは？

わたしはよく、保護者の方から「子どものやる気を引き出すには、どうしたらいいですか？」と訊《き》かれるのですが、本来、やる気とは自発的なものであって、誰かに言われて出るものではありません。

ただ、親にできることがひとつだけあるとすれば、子どもに「やる気を出すとこんなに楽しい」という姿を見せることです。自らが率先《そっせん》して趣味や勉強に取り組む。もちろん、仕事でもかまいません。そして「なにかに熱中すると、毎日がこれほどにも楽しくなるんだ！」という姿を見せてやるのです。

これは親だけでなく、社会の大人全体が考えるべき問題でしょう。

わたしたち大人が元気をなくしていると、子どもたちは将来に希望を持てません。大人が羨《うらや》ましいとも思わないし、早く大人になりたいとも思わない。

むしろ、大人はかわいそうだとか、大人になりたくない、などと考え、将来に向けてどんなに想いがあっても、その想いを信じる勇気が持てなくなる。ゆえに意味のある努力ができない人間になってしまいます。

なぜなら、人間は自分の「快《かい》」のためには努力できるけれど、明らかに「不快」とわかっていることのためには努力ができない生き物だからです。

最近のお母さま方は、わが子を心配するあまり、子どものほうを向きすぎて自分の人生を楽しめていない、あるいは楽しんではいけないと思ってしまう方も多いように見受けられます。放任しすぎてダメな親でいるよりは、教育熱心であることは当然よいことでしょう。しかし、せっかくのその「よい想い」を成就《じょうじゅ》させるためには、自分の人生をどうするのかという課題に、まずは覚悟をもって目を向けなければいけません。

わたしだって親ですから、子を思う気持ちは理解できます。

しかし、あなたが「自分の人生」を覚悟をもって能動的にエンジョイすることは、じつは「お子さんの人生」のためでもあるのです。

そしてなにより、受験の合否など、人生にとっては些細《ささい》な問題でしかありません。

本当のゴールは、お子さんが「その子にしかできない、その子の人生を、その子の最大限の力で全《まっと》うする」という究極の幸せであり、同様にあなた自身の幸せなのです。

焦らず叱らず比較せず、子どもの成長を待つこと

東京大学教授

開 一夫

ひらき・かずお——1963年、富山県に生まれる。慶應義塾大学大学院博士課程修了。博士（工学）。東京大学大学院総合文化研究科教授。専門は赤ちゃん学、発達認知神経科学、機械学習。著書には『日曜ピアジェ 赤ちゃん学のすすめ』（岩波書店）などがある。

●子どもにとって「早すぎる課題」とは？

「子どもはみな天才だ」

「すべての子どもには無限の可能性が秘《ひ》められている」

これらの言葉に反対する人は、ほとんどいないのではないでしょうか。実際、子育ての渦中《かちゅう》にある親御さんにとっては、わが子の成長を通じて日々、実感していることかもしれ

ません。

ところが、この「無限の可能性」という考えは、非常に耳に心地いいものである一方、行きすぎた早期教育の議論と結びつきやすいという性質も持っています。

もしも、すべての子どもが等しく「無限の可能性」を持っているのなら、その可能性を発揮できるかどうかは後天的な環境、つまり「教育」によるところが大きくなる。すなわち、子どもの可能性を生かすも殺すも、結局は親の教育次第であり、とくに幼年期からの充実した教育が欠かせないのだ——とする議論です。

最近では、こうした早期教育論に「科学的データ」を引用した広告物なども増えており、わが子の教育に焦《あせ》りを感じている親御さんも多いと思います。

しかし、最初にお断りしておきたいのは、小さな子どもの脳に関する「科学的データ」など絶対に鵜呑《うの》みにすべきでない、という鉄則です。

人間の脳（とりわけ子どもや赤ちゃんの脳）は、ようやく研究が本格化したばかりの段階で、まだなにもわかっていないに等しいのが実情です。そして、脳トレ関係の広告に引用されたデータは、都合のよい部分のみを切り取っていたり、強引な拡大解釈を施《ほどこ》したものがほとんどで、とても科学的とは言えません。

そして早期教育の最たる例が、いわゆる「お受験」や中学受験でしょう。

以前、有名私立中学の受験用問題集を目にする機会がありました。それは学習塾で独自に作成したものでしたが、あまりのレベルの高さに、「最近の小学生はこんな問題を解いているのか」と驚《おどろ》いたのを覚えています。

優秀で勉強が好きな子どもが学校の教科書に飽《あ》きたらず、難しい問題に取り組むこと、これ自体はかまいません。しかし、もしもあのハイレベルな問題を解けないからといって「頭が悪い」と見なされるのだとしたら、それはさすがに危険な話でしょう。わたしが見るかぎり、その問題集は大人にとっても難しい問題ばかりだったのです。

幼稚園の子どもが哲学的な話を理解できなくても、誰も「この子は頭が悪い」などとは思いません。普通に「そんな話をするのはまだ早すぎる」とか「理解できないのも当然だ」と考えるでしょう。

同様に、脳を含めた心や身体が成長・発達の途上にある子どもたちには、明らかに「まだ早すぎる課題」も存在するのです。

●子どもの発達段階を見極めること

そこでまず、子どもの早期教育において大切な「いつ頃から、どんな教育をするべきか」という問題について、大きなヒントとなる学説を紹介しておきましょう。

スイス出身の高名な心理学者ジャン・ピアジェは、子どもの認知能力は大きく4つの段階で発達していくと唱えました。

わかりやすくまとめると、次の4段階です。

①0~2歳頃：言語が未熟で、感覚や運動によって環境に適応する（感覚運動期）
②2~7歳頃：言語が発達し、直感的な思考が可能になる（前操作期）
③8~11歳頃：論理的な思考が可能になる（具体的操作期）
④12歳頃~　：抽象的な思考が可能になる（形式的操作期）

たとえばお受験の場合、このうち②の「前操作期」にやってくるわけですが、ここはとりわけ成長著《いちじる》しい時期となっています。

一例として、3歳と5歳の子どもを対象にわれわれの研究室で行った実験があります。その実験では、まず3歳と5歳それぞれの子どもに、色のついた星や三角などの図形が描かれたたくさんのカードを渡します。そして、「星のカードを出して」とか「三角のカードを出して」などと、指定した図形ごとにカードを出していってもらいます。

続いてルールを変更し、今度は図形ではなく、「赤を出して」や「青を出して」などと、図の色ごとにカードを出すよう指示します。

すると、5歳の子どもはルールの変更に順応できるのですが、3歳の子どもはうまく順応することができません。

また、このとき特殊な装置で子どもたちの脳の血流を測定すると、5歳の子どもは脳の前頭葉《ぜんとうよう》という部分が活発に活動しているのに対し、3歳の子どもはそうでないことがわかりました。

つまり、カード遊びのルール変更に順応できるかどうかは、頭のよし悪しではなく、前頭葉の発達具合によるものだったのです。実際、前頭葉が未発達なうちは、記憶の保持や行動の抑制が難しいことがわかっています。

ちなみに、ルール変更に順応できなかった3歳の子どもに翌年同じ実験をやらせると、今度はしっかり順応できるようになります。特別なトレーニングをしたわけではありません。子どもの脳は、「普通にしていても」勝手に育っていくのです。

さて、少し難しい話が続きましたが、大切なのはここからです。

まだ心や身体の発達が追いついていない子どもに、いくら難しい課題をやらせても意味がありません。それは歯の生えそろっていない子どもに硬《かた》いせんべいを与えるのと同じことです。さらに、子どもの発達段階は個人差も大きいので、年齢だけで適切な教育レベルを判断するのは難しく、心や身体の発達が追いついていない段階で「頭のよさ」を評価するのは非常に危《あや》うい行為になります。

わたしがもっとも危惧《きぐ》するのは、のんびりと子どもの成長を待っていればよかったのに、無理に難しい課題を与えることです。与えた課題ができないと、親は「この子は頭が悪い」とか「おまえはダメだ」などと誤《あやま》った評価を下してしまいかねません。

こんなことでは、本人に与える精神的ショックが大きいのはもちろん、誤った教育方針を採《と》ったり、子どもがさまざまなものごとにチャレンジする機会を奪《うば》い取ってしまうことにもなりかねません。

成長過程にある子どもの能力を判断するのは、それほど簡単な話ではないのです。

●環境の変化は自分を変えるきっかけになる

中学受験にも、発達段階の観点が必要でしょう。

この時期の子どもたちは、論理的な思考が可能になる「具体的操作期」と、抽象的な思考が可能になる「形式的操作期」の、ちょうど狭間《はざま》にあります。ある意味、もっとも発達段階の差が出やすい年齢とも言えるわけです。

そんな発達段階の差を、知能の差だと混同してしまったとき、被害を受けるのは子どもたち自身です。

また個人差はあるものの、おおむね中学生くらいから始まる第二次性徴は、高校入学を前後してゆるやかになっていきます。そう考えると、思春期の成長過程と中学・高校という区分はなかなかうまくリンクしているのです。

中高一貫校を希望される親御さんの中には、「進学に伴う環境の変化が子どものストレスになる」と考えている方もいるでしょう。しかし、それは誤りで、むしろ子どもたちは環境の変化があってこそ、自分を変えたり成長させたりしやすくなるものなのです。

たとえば中学時代にまるで目立たなかった子が、高校になって急に勉強を好きになったり、部活動に励《はげ》んだり、クラスの人気者になったりすることがあります。環境がリセットされたことをきっかけに、うまく自分を変えていくことができたわけです。

逆に、同じ場所で同じ面々と6年間もいっしょにすごす中高一貫校は、自分を変えていくのに難しい環境と言えます。とくにこの時期の子どもたちは、人間関係に左右されやすい面があるので、同じ仲間に囲《かこ》まれてすごしているうちはなかなか変化のきっかけを摑《つか》みにくいでしょう。

わたしは、中学受験や一貫校を頭から否定しているのではありません。同じ仲間に囲まれてすごすことで友情を深められるなどのメリットはありますし、教育レベルの高い一貫校が多いのも事実だと思います。

ただ、なにがなんでも一貫校と決めつけることなく、子どもたちには「中学受験に落ちても大丈夫なんだよ」というメッセージを送ってやることが、親や教育者の大事な務《つと》めなのではないでしょうか。

●ほめて育てるか、叱って育てるか

子どもの成長をのんびり待つのは、親にとってなかなか難しいことです。子どもの力は親の積極的な教育があってこそ伸びるのであって、ただぼんやり待っているだけではいけない、と考えるのが普通でしょう。

しかし、言語の習得を思い出してください。

どんな親であれ、自分の子どもに「これは主語で、これは述語で」というような教え方はしません。ある意味、親の知らない間に言葉を覚え、自分なりに使いこなすようになるのが子どもです。歩き方やコップの持ち方も、日常生活の中から学んでいくのであって、けっして「積極的な教育」による成果などではなかったはずです。

勉強だって同じことで、たとえいまは理解できなくても、時間が経《た》てば理解できる課題はたくさんあるのです。

事実、人間の前頭葉は20歳くらいまで発達の過程にあることがわかっています。中学生や高校生になってから急速に成長する子も大勢いますし、勉強なんて何歳になってからでも間に合います。幼稚園や小学校のうちから焦る必要など、どこにもないのです。

それでは、親は子どもの教育になんらタッチすることなく、ただ放任主義でほったらかしにしておけばいいのでしょうか？

もちろん違います。

子どもの成長は、教育というより親の「接し方」によって大きく変化するのです。

わたしたちの脳には、なんらかの「報酬《ほうしゅう》」を受けたときに反応して、快感を得る部位があります。この場合の報酬とは、それこそお金を受け取ることでもいいですし、誰かにほめられるなど精神的な喜びでもかまいません。そして脳は、「自分がなにかをやったら報酬がもらえる」と認識したとき、もっとも活発に働くことがわかっています。

その意味で、子どもをほめて育てる親は、「これをやったらほめてもらえる」という報酬系のシステムにかなった子育てを実践していることになります。また、しばしば批判にさらされる学校のペーパーテストも、点数や順位によって「達成感」という報酬が得られるわけで、よくできた報酬系のシステムなのです。

一方、教育や子育てには「叱って育てる」という方法もあります。勉強しなさいと叱り飛ばし、テストで悪い点を取ったら罰《ばつ》を与える、場合によっては体罰を与えてでも勉強させる、といったやり方です。

たしかに、子どもをほめようと叱ろうと、「机に座って勉強する」とか「テストでいい点を取る」など、出てくる結果は同じに見えるかもしれません。ところが、叱ってなにかを強制させたときの脳は、報酬系とまったく違った部位が反応しており、相当のストレスを感じています。

厳しい罰を設けることによって、短期的には「いい子」になったり、受験に合格したりすることもあるでしょう。また、自分自身が厳しく育てられてきたからと、わが子にも厳しく接する方もいるかもしれません。しかし、子どもの脳に与える影響を考えると、叱って育てる教育はかなり危険なのです。

むろん、親とはいえ一人の人間ですから、子どもと接していてどうしても腹が立ったり、叱り飛ばしたくなることはあると思います。度を超えたいたずらや、他人に迷惑をかける行為など、厳しく接しないといけない場面もあります。

そういうときは、叱ったあとにもう一方の親（父親か母親）が優しくフォローするなど、なんらかの報酬行為をするといいでしょう。その意味でも子育ては、やはり夫婦の協力があってこそ成立するものだと思います。

●「できないこと」より「できたこと」に注目する

もうひとつ、わたしが家庭内での教育でもっとも有効かつ大切だと考えるのは、親子間の積極的な対話、おしゃべりです。

先にも述べたように、最近は脳科学の名を謳《うた》った勉強法がたくさん出回っていますが、その大半は効果が疑わしいものです。

たとえばスポーツの分野でさえ、効果的なトレーニング方法にはさまざまな意見があり、5年前、10年前の常識がどんどん覆《くつがえ》されています。まして脳のトレーニング法など、なんら断定的なことが言える段階ではありません。

ただ、脳は単純作業のように定型的な刺激では活動が低下し、非定型的な刺激があるほど活発に活動することは事実です。

そしておしゃべりは、非定型的なコミュニケーションの代表であり、情報のインプットとアウトプットをくり返す、脳を刺激するのに最適な方法です。実際、脳には言葉を司《つかさど》る「言語野《げんごや》」という部位がありますが、わたしたちがおしゃべりをするときには言語野以外の脳も活発に活動することがわかっています。

お受験や中学受験を考える前に、お子さんとの対話を通じて、もっとよく子どものことを知りましょう。自分の子どもがどんなことに興味を持ち、どんなことを考え、どんな問題を抱えているのか、もっと真剣に考えましょう。

隣のお子さんが塾に通い始めたとか、親戚《しんせき》の子どもが一貫校に通っているとか、周囲の動向や意見に流されてはいけません。子どもと誰よりも長く接し、誰よりも深く子どものことを知っているのは、あなた自身なのです。自分の子どもに合ったペースで、自分の子どもに合った教育を考えてください。

そしてくり返しになりますが、けっして勉強で子どもを叱らないようにしましょう。勉強しないからと罰《ばつ》を与えても、子どもはますます勉強が嫌いになるだけです。わたしの教授仲間（で優秀だと思う人）に話を聞いても、小さい頃に「勉強しなさい」と言われて育った人間はあまりいません。そもそも勉強なんて、目標と達成感の報酬系システムがうまく働けば、自分から進んでやるようになるものです。

子どもの「できないこと」に罰を設けず、「できたこと」を見逃さず、しっかりほめてやること。たくさんコミュニケーションをとって、もっと子どもを理解すること。そして、わが子を信じて我慢強く待ってあげること。

わたしたち親にできることは、それだけではないでしょうか。

3時限目

「お金」と「仕事」をどう教えるか

【桜木の発議3】

子どもにお金を語る親は不浄《ふじょう》なのか？

日本人はお金に対して、特殊な感情を抱いている。お金をどこか不浄《ふじょう》なものと考え、一代で財を成《な》した人を「成金《なりきん》だ」と蔑《さげす》み、人前でお金の話をすること、まして子どもの前でお金の話をするなんて、とんでもないことだと思っている。

しかし、どんな大人も「お金なんて一円もいらない」とは考えない。生きていくにはお金が必要であり、お金を得るために働いていると言っても過言ではないはずだ。大人は子どもたちにお金の話をするべきなのか？　仕事とお金の関係をどう説明すればいいのか？　お金で幸せは買えるのか、買えないのか？

そこで経済の専門家から経営者、そして漫画家の先生まで、「お金と仕事」について率直な意見を伺《うかが》った。お金をタブー視する大人たちにこそ、耳を傾けてもらいたい。

人が人であるために仕事とお金がある

漫画家
西原理恵子

さいばら・りえこ―武蔵野美術大学卒業。1988年、『ちくろ幼稚園』でデビュー。ギャンブルや旅行など、実体験に基づいた作品で人気を呼ぶ。『毎日かあさん』ほかで手塚治虫文化賞短編賞受賞。著書には『この世でいちばん大事な「カネ」の話』(理論社)などがある。

●わたしが「カネ」の話をする理由

わたしは2年前、世の中の女の子たち、とくに自分の娘に読んでほしくて、『この世でいちばん大事な「カネ」の話』(理論社)というタイトルの本を書きました。お金とはなんなのか、働くとはどういうことか、自分の言葉で娘に伝えておきたかったんです。

19歳で上京したとき、わたしがいちばん驚《おどろ》いたのは、食事もお酒も「男の人におごってもらって当たり前」と考えている女の子があまりに多いことでした。これってすごく大事な話で、そのまま人生観につながるんですね。

彼女たちは、男の人にちやほやされたまま結婚して、専業主婦になって、ダンナ様に一生面倒見てもらう人生に、なんの疑問も持っていない。結婚したあとが空白なんですよ。「目の前に王子様が現れて結婚しました、めでたしめでたし」で、そのあと40年、50年続く人生をまるっきり考えていないの。

一方、男の人たちは、いい大学に入ったあとの人生が空白になっている。バブル当時ほどではないにせよ、そういう若い子って、いまでもたくさんいますよね？

でもね、あえてきつい言葉を使わせてもらうなら、誰かにお金をもらって生きていくのは「乞食《こじき》」の生き方なんです。

たとえば途上国に行くと、「援助をもらって当たり前」と考えている人が大勢います。おかげで彼らの思考は、「なんでもっと援助してくれないの？」でストップする。自分の現状、自分の人生を、自分の手でどうにかしようという発想がすっかりなくなっているの。

結婚がゴールだと考える日本の女の子たちにも、同じような危機感を持ってしまうんですよね。

もちろん、専業主婦も立派な職業だと思います。ただ、専業主婦ってものすごくリスクが高い職業なんです。

夫が一生健康で、夫の会社が一生安泰《あんたい》で、夫が一生自分だけを愛してくれて、夫のことを一生愛することができる、というきわめてかぎられた条件の中でようやく成立する職業が、専業主婦です。

他人（夫）の感情に自分と子どもの人生を預けてしまうなんて、ほとんどギャンブルのような行為だと思いません？

実際、これらの条件がすべて満たされたまま幸せな生涯を終える確率なんて、ほとんどありません。

悲しいことだけど、かなりの割合の夫婦はいつしか心が離れてしまいます。心の底から軽蔑《けいべつ》することもあるだろうし、同じ空間にいるだけで気分が悪くなることもある。なのに、そんな相手から一生お金をもらい続けなきゃいけない。

わたしはそれで心を壊《こわ》した専業主婦をたくさん知っていますが、稼《かせ》ぎがない女が心を壊しても、誰もかまってくれないんですよ。稼ぎ頭《がしら》の夫が心や身体を壊したら、家族みんなで守《も》り立てて、なんとかもう一度働いてもらおうとしますよ。でも、稼がない専業主婦が心を壊しても「面倒くせーな」のひと言で終わっちゃう。

このとき、いちばん被害を受けるのは子どもです。

母親がいつも、

「わたしの人生、こんなはずじゃなかった」

「お母さんはあなたのために我慢《がまん》してるのよ」

と愚痴《ぐち》をこぼす。そんな環境で育った子どもたちが、勉強とか金銭感覚以前に、どんな人生観を身につけていくと思いますか?

そう考えると、女の子に専業主婦願望を植《う》えつけるのは危険だし、男の子にも「家庭的な女」願望を植えつけるべきではない、というのがわたしの結論です。

現実的に言って、いまの日本だと、男の人には「働かない」という選択肢はありません。社会的に許されない空気があるし、そもそも専業主夫志望の男と結婚する女なんて、ほとんどいないでしょう。

だからわたしは、「お金ってなに?」とか「仕事ってなに?」という話は、まず女の子にこそ必要なんだと思います。

●「自由」と「責任」は有料である

わたしは貧困《ひんこん》を憎《にく》んでいます。

この仕事を始めて25年、心や身体を壊しても、休むことなくずっと働き続けています。仕事があるかぎり、きっと一生働き続けるでしょう。「もうこれで十分だ」と思うことができないし、自分を休ませてあげることができないんです。

だって、貧乏《びんぼう》になるのが怖いから。

もう二度とあんな場所に戻りたくないから。

わたしが子どもの頃、うちの両親はたった数万円のお金をめぐって、毎日のように「殺す」「死ぬ」と大声で叫《さけ》び合っていました。父も母も、普段はいい人なんですよ。でも、人間ってお金がなかったら獣《けもの》になるんです。そして男の子は泥棒《どろぼう》になり、女の子は売春婦になっていく。

悲しいことだけど、それが現実です。わたしは実家のあった田舎《いなか》町や世界の途上国で、そんな家庭を山のように見てきました。

そして「自由」と「責任」って、有料なんですよ。

お金がない人には、なにひとつ「自由」がありません。着るものも食べるものも選べないし、自分の生き方さえ選べない。

たとえば結婚に失敗したときだって、自分に稼ぎがなかったら、離婚という自由も選択できない。自分にちゃんとした稼ぎさえあれば、何歳であっても男の失敗から立ち直ることができるけど、稼ぎがないとそれができない。

わたし自身、結婚で失敗してるから偉《えら》そうなことを言える立場じゃないけど、恋愛感情って、自分じゃコントロールできないでしょ？

そりゃ若いうちは、ロクでもない男を好きになっちゃうことだってありますよ。だまされることもあるし、離婚することになってもしかたがない。

でもね、だからこそ仕事、なんですよ。恋愛する自由を手に入れるための仕事。自分の食いぶちさえしっかりしていれば、どんなにダメな男を好きになっても笑って別れられるんだから。

そして、人としての「責任」を果たすにも、お金が必要です。

子どもを育てるという責任を果たそうとするにも、お金がかかります。病気をしたらお金が必要になるし、わたしは夫を亡《な》くしていますけど、人を一人ちゃんと死なすにも、それはそれはお金がかかります。

一人前の人間であろうとしたら、どうしたってそれなりのお金が必要なんです。

なのに大人たちは、平気で「お金で幸せは買えない」とか「お金の話をするのは卑《いや》しい」なんて綺麗事《きれいごと》を口にする。もうね、貧乏のどん底にどんな悲惨《ひさん》な景色が広がっているか、一度でいいから見せてやりたいですよ。

お金がなかったら、人は獣になる。

そしてお金さえあれば、たいていの不幸は乗り越えられる。

これは自分の経験から、自信を持って断言できることですね。

子どもを「戦場」に送り込まない

世の中には、「年収1000万円くらいの男性と結婚すれば幸せになれる」と思っている女の子も多いと思います。

でも、実際に1000万円も稼ぐ男なんて、家庭はボロボロですよ。家に帰ってこないし、休日も仕事に使っちゃう。睡眠時間は一日せいぜい3〜4時間。家庭を顧《かえり》みることなく、ひたすら働き続けるの。

だって、彼らは会社と結婚してるんです。きっと小さい頃から「男ならいい大学を出て、高い給料をもらって、身を粉《こ》にして働け」って育てられたんでしょうね。そして会社と仕事に人生を捧《ささ》げているうちに、精神が壊れてしまう。

いま、日本では毎年3万人以上の自殺者が出ています。たぶん、統計に出てこないだけで、もっとたくさんの人が自ら死を選んだり、心や身体を壊している。働き盛りの男たちが、追いつめられて死を選んでいく。

これって、形を変えた「戦場」だと思いません？　毎年、こんなにたくさんの死者を出している戦場なんて、世界のどこにもないですよ。

だからわたしは、夫婦は「戦友」であるべきだと思っています。

パートナーに養《やしな》ってもらうために夫婦があるのではなく、自分やパートナーが倒れたときのために夫婦がある。

夫に年収1000万円を求めても、彼の命を縮《ちぢ》めるだけ。夫婦でリスクを分散して、それぞれ500万円ずつ、地方だったら300万円ずつ稼いでいけば、十分幸せに暮らしていけるじゃないですか。仮にどちらか一方が倒れたって、どうにか食べていけるでしょ。恋愛の時期は数年で終わっちゃうけど、戦友としての関係は一生終わらないんです。

自分の子どもをそんな「戦場」に送り込みたくないなら、会社と結婚して若いうちに自ら死を選ぶような真似《まね》をさせたくないなら、学歴幻想は捨てるべきだと思います。受験競争って「戦場」の第一歩ですからね。

そもそも、わたしは学習塾ってものをいっさい信用していません。だって、百万単位のお金を取っておきながら、不合格でも一円の違約金さえ払わないわけでしょ？ 母親の不安をさんざんあおって、「小学4年生のうちから始めないと、中学受験には間に合いませんよ」なんて脅《おど》してさ。

こんなの、ナントカ商法とまるっきり同じ手口だし、こんなボロい商売もないですよ。もちろん善良な塾もたくさんあるんでしょうけど。

受験なんて、要は傾向と対策なんだから、半年かそこらでテクニックだけ身につければ十分ですよ。それで不合格になるのなら、学校の勉強には向いてないってだけで、なにも悪いことじゃないんだし。

高いお金を払って子どもを無理やり学歴社会に突っ込んでも、子どもは会社と結婚して不幸になるだけですよ。

●お金の稼ぎ方、夢のかなえ方

お金のことを口にするのは卑《いや》しい、という考えは昭和で終わったんだと思います。

経済が右肩上がりだった昭和の時代は、大学さえ出ていれば仕事ができなくてもクビにならなかったし、一生食べていけた。こんな環境にいたら、そりゃ「お金のことを口にするのは卑しい」という考えにもなるでしょう。

でもね、もう時代は変わったんです。学歴と会社がみんなを守ってくれた、古きよき昭和の時代は終わってしまったの。自分の身は自分で守らなきゃいけないし、どんなに大きな会社に勤めていようと、危機管理をやっておかないといけない。お金のことを、もっと真剣に考えなきゃいけない。

たとえば、年収200万円の人がもっと年収を増やしたいとき、どうすればいいか。

ここでいきなり年収1億円の経営者なんかの仕事術を真似しても、どだい無理というものです。そうではなく、自分の身近にいる年収220万円の人を真似しましょう。それができたら、今度は年収300万円の人を真似していく。

大切なのは、もう少しがんばれば手が届きそうな目標を見つけて、一歩ずつ前に進むこと。目標を見失わずに働けば、お金は必ずついてきます。

わたしが18歳のとき、漫画家になるという夢をかなえるためにまず考えたのは、「どうすれば、この絵がカネになるか?」でした。

たとえば、当時のわたしの画力・実力で『少年ジャンプ』に持ち込みをしてもダメなんですよ。競争率も高いし、レベルも高い。自分ごときを買ってもらえるわけがない。幸いなことに、それが理解できる程度の客観性は持っていました。

自分の絵をカネにできる場所、それは「エロ本」でした。ギャラは安いけれど、競争率は低い。わたしみたいな小娘にも、とりあえず描かせてくれる。あとは数さえこなせば、ごはんを食べて来月の家賃が払えるようになる。

とんでもない才能を持った天才ならともかく、わたしのような凡人には、「どうやったら夢がかなうか?」なんて考えても、まず答えは出ません。それよりも「どうやったらカネになるか?」と考える。そうすれば、おのずと自分の行くべき場所が見えてきます。

それから、自分の才能とか得意分野って、自分ではうまくわからないものなんですよ。趣味のレベルならともかく、仕事のうえではとくにそう。

自分の得意分野を見つける唯一の方法は、「とにかくやってみること」に尽きます。どんな仕事も断らず、まずは引き受けてみる。

そうするとね、周りが得意分野を教えてくれるんです。「この前のあれ、おもしろかったよ」「評判いいから、またやってよ」「今度はこういう企画でやってみない?」って。

もちろん、自分に向いてない分野からは二度とお声がかかりませんよ。わたしの場合で言うと、ファッション系と教育系はとことん向いてないみたいですね。

もしもいまのわたしに得意分野があるとすれば、それはすべて周りの人が教えてくれたことです。やってみないかと誘《さそ》ってくれて、ふたつ返事で「やります!」と引き受けて、やってみたら「おもしろいじゃないか!」ともう一度注文を出してくれて。すべてがそのくり返し。

だから、自分一人であれこれ考える前に、つまんないプライドやこだわりを捨てて、なんでも挑戦したらいいと思う。失敗したら失敗したで、その分野は自分に向いてないってだけのことだから。

こんな話をすると、「西原さんは漫画の才能があるから、そんなことができるんだ」みたいなことを言う人がいるんだけど、才能なんか断じてありません。だって、わたしの絵を見たら一目瞭然《いちもくりょうぜん》でしょ？　実際、美大の予備校でも最下位だったわけだし。

わたしはただ、最下位の場所からお金にできる道を探してきただけ。たとえ才能がなくても、やり通してみれば「仕事」は成立するんです。

●怠け者ほど仕事がストレスになる

仕事とお金の関係は、なかなか難しいところですよね。

一般的に言って、つらい仕事ほど給料が高くて、ラクな仕事は給料が安い。

少しくらいストレスのある仕事じゃないとお金にならないし、かといってストレスが大きすぎては心が壊れてしまう。だからいちばん理想的なのは、自分の「やりがい」と「ストレス」の真ん中くらいの仕事を見つけることでしょう。

あとは、誰かに直接「ありがとう」と言ってもらえる仕事は長続きするんじゃないかな。たとえば、借金の取り立てみたいな仕事は、誰かから感謝されるわけでもないし、やってるほうもストレスがたまりますよね。

ただし、どこで働いてもストレスだらけという人は、自業自得《じごうじとく》だと思います。仕事そのものがストレスになる人って、怠《なま》け者なんです。怠けているから結果も出ないし、上司や先輩から怒られる。

わたしはいろんなアルバイトをしてきたけれど、どこに行ってもほめられましたよ。だって、働き者だったたから。とりあえず大きな声を出して、走り回って、がむしゃらに働いたから。そうすれば、多少鈍《どん》くさい新人でも、周りの大人はちゃんとほめてくれるんです。技術とか才能とかじゃない、もっと単純な話です。

だから、アルバイトは絶対、若いうちからやるべきですね。

よその大人に叱《しか》ってもらえる機会、そしてがんばった分だけほめてもらえる機会は、早ければ早いほどいい。働いた経験もないのに、「この仕事は向いてない」とか「やりたい仕事がない」とか言ってる若い子なんか、冗談じゃないよね。そんな甘ったれたガキなんて、わたしが経営者だったら絶対に雇《やと》いたくないもん。

子どもにお金を勉強させたいなら、いちばん手っ取り早いのはアルバイトです。いまは親も学校もアルバイトを禁止するけれど、勉強より何倍も貴重な経験になるし、中学生くらいから積極的にやらせるべきだと思います。


たとえば、若いときのわたしは、「自分が他人からどう見られているか」ということばかり気にしていました。頭の中にあるのは自分のことだけで、オシャレもしたかったし、いろんなもので自分を飾《かざ》っておきたかった。だから、高級外国車に乗った小金持ちの男を「カッコイイ！」と思っていた時期だってあります。

でも、子どもが生まれて「自分がいちばん」じゃなくなったとき、自分よりもずっと大切な存在ができたとき、はじめて自分が他人からどう見られているかなんて気にならなくなりました。得意気に外国車を乗り回す小金持ちにも興味がなくなったし、むしろカッコ悪いと思うようになった。

やっぱり、自分がなにも手にしていないと、見せかけでもいいから自分を飾りたくなるんですね。

お金や仕事にも似たところがあると思います。

仕事もせずお金がない人は、最後の千円札を握《にぎ》りしめて朝からパチンコ屋さんに行列をつくってしまう。勝つはずもないパチンコで1000円を1万円にしようとする。場合によっては、それで借金までつくっちゃう。

一方、ちゃんと働いてそれなりにお金を持っている人は、わざわざ朝からパチンコ屋さんに行って千円札を一万円札にしようとは思わない。へんなところからお金を借りることもないし、友達にお金を無心したりもしない。

子どもを持たないとわからないことがたくさんあるように、仕事を持たないとわからないことって、たくさんありますよね。お子さんの金銭教育を考えるなら、早いうちからアルバイトをさせるのがいちばんですよ。

●働くことは生きること、生きることは働くこと

わたしは、学校で習うことなんて基本的になにもないと思っています。

教育の基礎は家庭だし、なによりも自分自身の経験。アフリカの本を何十冊も読むより、

一回でいいからアフリカに行って自分の目で見てみるほうが、ずっと早いし正しい理解ができるでしょ？

だから学校って、「人間関係を学ぶところ」じゃないのかな。嫌な上司とのつき合い方とか、最低限の協調性とかね。

それがわかっていれば、学校に過剰な期待をすることもなくなります。

とくに公立校なんか、最低限の基本料金しか払っていないのに、親はものすごいサービスを要求するでしょう。勉強はもちろん、しつけだの、友達関係だの、子どものことはなんでも学校がやるべきだと思っている。でもそれって、市役所の窓口に行って「この子をしつけてください！」って要求しているようなものですよ。見当違いも甚《はなは》だしい。

国も学校も、そしてもちろん会社も、いざとなったら助けてくれません。最後の最後は自分しか頼りにならない。

だから、「働くことは生きることで、生きることは働くこと」なんです。

助けてくれる人は自分しかいないんだから、どんなに疲《つか》れたって、どんな八方塞《はっぽうふさ》がりになったって、絶対に「自分というお店」を畳《たた》まないこと。毎日働いていれば、必ず出口は見えてきます。

子育てに正解があるとは思わないし、わたしだって迷いながら、悩みながらの毎日で、不安になることはあります。でも、子育てや教育の基本はあくまでも家庭であるべき。自分の子どもなんだから、教育を学校に任せず、周りに流されず、もっと自分の言葉で子どもに接してほしいですね。

ビジネスの原点は利他の精神にある

株式会社サイゼリヤ代表取締役会長

正垣泰彦

しょうがき・やすひこ―東京理科大学在学中にレストラン「サイゼリヤ」を譲り受け、個人営業を開始。大学卒業後、イタリアの食文化の豊かさに衝撃を受け、イタリア料理店として再オープン。低価格メニューで飛躍的に店舗数を拡大させている。

●すべての仕事は社会貢献である

お金を稼ぐとはどういうことか。働くとはどういうことか。今回はお金や仕事について、企業経営の立場から自分なりの考えを述《の》べてみたいと思います。

まず、仕事の原則は非常にシンプルで、すべてが「誰かに喜んでもらうため」であり、大きな意味での「社会貢献《こうけん》」なんですよ。

社会貢献という言葉は、そこだけ切り取ると綺麗事に聞こえるかもしれません。

たとえば、うちのサイゼリヤという会社が倒産したとしましょう。

会社が倒産するのは、業績が悪いからでも景気が悪いからでもありません。社会に貢献できなくなったから、倒産する。理由はそれだけです。

どんな業種であれ、モノが売れないということは社会に貢献できていない証拠なんですよ。そして社会から必要とされないような会社を続けるくらいなら、倒産したほうがよっぽど社会貢献だ、というのが僕の考えです。

これは個人のレベルでも同じことで、僕らのフードサービス産業で言えば、お客さんに喜んでもらうために仕事がある。そして「おいしい」「値打ちがある」と喜んでくれたお客さんは、何度も足を運んでくれる。その結果、会社に利益が出るわけであって、利益を出すために仕事があるわけじゃないんです。

だから僕は、いつも「儲《もう》けるんじゃない、儲かるんだ」と言っています。

儲けを先に考えたら、必ず失敗する。まずはお客さんが喜ぶことを第一に考えて、喜んでもらえるための努力を精いっぱいやる。そうすれば、結果として儲かる。

似たような言葉だけど、「儲ける」と「儲かる」は、まったく意味が違うんです。

ひとつ、具体的な例をお話ししましょう。

いまから7年前、2003年に中国に進出したときの話です。

当時、じつは僕は、「これからは中国が伸びるから儲かるぞ」と思って中国に進出したわけではありませんでした。

中国でイタリア料理は、まだまだ富裕層しか食べられない高級料理なんですね。あれほど食を愛する美食の国なのに、イタリア料理は庶民《しょみん》には手の届かないところにある。そのため、どうにかして中国の富裕層以外の人たちにもおいしいイタリア料理を食べてもらいたい、という気持ちがありました。

ところが、現地に行ったスタッフは、つい目先の利益を考えた。

きっと「失敗するわけにはいかない」という責任感もあったと思いますが、メニュー構成や値段の設定にいろいろ工夫《くふう》を凝《こ》らして、少しでも儲けを出そうとした。

そうすると、全然お客さんが来ない。それでみんな「中国では牛肉が一般的じゃない」とか「中国ではイタリア料理が普及していない」などと言い訳を考えるんだけど、問題はそんなところじゃない。お客さんが来ないのは、儲けを先に考えたから。優先順位を間違えたから、お客さんが来なかっただけなんです。

それで庶民の人たちに喜んでもらえる値段に引き下げたら、具体的には元の値段の7割引きにしたら、お客さんがどっとあふれるようになった。いまでは、その値段でしっかり利益も出るようになっています。

会社にとっての利益とは、お客さんの満足度なのです。

●会社から給料をもらっていると思うな

仕事とお金を考えるうえで、僕が大切だと思うのは、会社からお給料をもらっているという意識を捨てること。

会社からお給料をもらっていると考えたら、どこかの段階でお客さんの存在を忘れてしまいます。そして、消費期限を改竄《かいざん》したり、原料をごまかしたりと、利益を優先して組織の論理、自己保身の論理で動くようになる。

一方、「自分は社会貢献をしていて、社会全体からお給料をもらっているんだ」という意識を持っていたら、組織の論理で動くようなまねはしません。そして実際、こっちのほうが正解なんです。

たとえば、みんなで宝探しをする。そして運よく財宝の詰まった宝箱を見つけた。このとき、みんなが自己保身の論理で動いていたらどうなると思いますか？

壮絶な奪《うば》い合い、仲間割《わ》れですよ。それまでいっしょにがんばってきた仲間同士で、財宝の争奪戦が始まってしまう。

企業の内紛から兄弟間の遺産争いまで、みんなそうでしょう。だから企業も個人も、優先順位の筆頭は「誰かに喜んでもらう」という利他《りた》の精神にすべきなのです。

そもそも、お給料の基準というのも簡単で、要は「どれだけ社会に貢献できるか」「どれだけお客さんに喜んでもらえたか」なんですね。

そして、どうすれば社会に貢献できるかと言えば、とにかく技術の集積。技術がなければプロとして誰かを満足させることなんてできない。

よく精神論ばかり語る上司がいるけれど、そういう人たちは自分の実力ではなく、たまたま運がよくて出世しただけなんですよ。もし自分の頭で考えて、自分の力で出世した人なら、精神論じゃない技術をきちんと伝えられるはずだから。

威張《いば》る上司、怒る上司はダメですね。仕事ができない部下を前にしたとき、「自分に教える技術が足りないんだ」と反省する上司じゃないといけない。自分の教え方が悪くて申し訳ないな——とね。

●もっとお金をオープン化しよう

僕は、「お金さえあれば幸せになれる」という話って、基本的にウソだと思っています。もしも、お金持ちが幸せそうに見えるとすれば、それは彼らがとてつもない努力をして、社会に貢献しているから。誰からも感謝されず、社会に貢献することなく手にしたお金は、必ず不幸を招《まね》きます。

とくにお金は、嫉妬《しっと》と絡《から》みやすい。会社でも、すぐに誰がいくらもらったという話になるし、必ず不公平感が出る。こういう嫉妬や疑《ぎ》心暗鬼《しんあんき》は現場のチームワークを乱《みだ》す元凶《げんきょう》だし、会社に対する不信感にもつながってしまうものです。

そこでサイゼリヤでは、社員みんなのお給料を透明化しています。

胸のネームプレートに貼《は》ってあるシールを見れば、互いのお給料が一目でわかるようになっている。しかも、「この技術をマスターしたら、これだけ増える」というように、技術の習熟度によってお給料を決定する。勤続年数が長いベテランだから出世するのではなく、ちゃんと「技術を極《きわ》めた人」だけが上司になる。ここまでやると、嫉妬や不公平感も出なくなります。

お給料に対する不満って、じつは金額じゃないんですよ。もちろん金額も大切だけど、それより大切なのは「公正さが守られているか」。そして公正さを守るためには、すべてをオープン化すること。中途半端《ちゅうとはんぱ》に隠《かく》そうとするから、みんな疑心暗鬼《ぎしんあんき》になるわけですからね。

これって、きっと家庭でも同じだと思います。

たとえば、家計簿をオープンにして子どもといっしょにつけるだけでも、おこづかいに対する不満はなくなるだろうし、自分のおこづかいやお年玉の使い方について、もっと真剣に考えるようになるでしょう。

たぶん、「子どもにお金の話をするなんて」「人前でお金の話なんて」と考えている人は、自分自身がお金から目を背《そむ》けているんじゃないのかな。

お金って人の裸《はだか》といっしょで、隠そうとすればするほど、イヤらしくて下品に感じるものなんですよ。

●ビジネスとボランティアの違いとは？

誰かに喜んでもらうため、という目標を達成するとき、もっとも大切なのは「継続可能なシステムをつくること」です。

たとえば、僕らがお客さんに喜んでもらいたくてメニューの値段を下げるとき、いったいどうするか。普通の会社だったら仕入れ先の業者さんを買い叩《たた》きます。もっと安くしろ、そうじゃないと仕入れないぞ、ってね。

たしかに、業者さんを買い叩けば利益は出ます。でも、絶対に長続きしない。業者さんがギブアップして逃げていったり、仕入れる品物の質が下がっていったり。お客さんに喜んでほしいからといって、業者さんを不幸にしたら元《もと》も子《こ》もないんです。

もし継続可能なシステムがあるとしたら、ただただ自分たちのムダを減らすこと。ギリギリまでムダを削《けず》っていけば、業者さんをいじめることなく値段を下げることができる。質もよく、値段も手頃な「値打ちのある商品」を提供できる。

お客さんは喜んでくれるし、業者さんも喜ぶ。もちろん、僕らも業績が上がるし、みんながが幸せになれる。こうなるとね、ムダを削っていく作業が楽しくてたまらなくなるんですよ。

スポーツでも、ムダのないフォームを技術として身につけていきますが、ちょうどあんな感じだと思います。上司も「ムダを省《はぶ》け、もっと働け」とハッパをかけるのではなく、数字的な根拠を示しながら、技術として教えていく。

僕自身も同じですよ。たとえば以前、テレビ番組に出演したときに驚かれたのですが、僕は新幹線でグリーン車に乗ることはありません。あんなものに乗っても楽しくないから。座席が広いと身体はラクかもしれないけど、心が楽しくないんですね。だって、僕が会社のお金でグリーン車に乗っても、「お客さんの喜び」にはつながらないもの。

会社でも個人でも、社会貢献という軸《じく》がしっかりしていると、あらゆる行動にブレがなくなるんですよ。

きっとサイゼリヤというお店をご存じの方は、まずはメニューの「安さ」を思い浮かべると思います。

でも僕らは、「安くしよう」と思っているわけではない。

僕らの頭にあるのは、いつでも「値打ちを出そう」ということ。安さだけを追求していたら、いちばん大切な継続ができなくなって、どこかで頭打ちになってしまう。そうなったら、どんどん質が下がってしまうし、お客さんに喜んでもらえなくなる。社会に貢献できる企業ではなくなってしまうわけです。

だから僕は、赤字の店舗に対して「もっと売り上げをあげろ」と言ったことはありません。赤字店舗の赤字の理由は、ほぼ間違いなく立地の問題ですから。立地条件が悪いのに無理に利益を出そうとしたら、必ずお客さんに迷惑がかかる。お客さんの喜びが第一だったら、そんな無責任なことはできないんです。

もっとも、企業経営者がこんなに「社会貢献」を連呼していると、「本当に社会貢献したければ、営利活動なんかやめてボランティア活動をするべきだ」と反論されるかもしれません。

でも、これも「継続性」という視点で考えるべきだと思います。

自ら利益を生み出さないボランティアは、基本的に寄付金《きふきん》が途絶《とだ》えたら継続できなくなる。企業は、自ら利益を生み出しているからこそ、継続的に社会貢献を行うことができる。本業を通じて、たくさんの人に喜んでもらうことができる。

だから僕の結論は、世のため人のためになにかを成《な》したいと思うなら、その志《こころざし》をビジネスとして形にすること。仕事はお金儲けではなく、継続可能な社会貢献なのです。子どもたちに「仕事とはなにか」を語っていくときには、ぜひビジネスを通じた社会貢献という視点を忘れずにやってもらいたいと思います。

本当の豊かさは安さで実現される

株式会社ニトリ代表取締役社長

似鳥昭雄

にとり・あきお――23歳で似鳥家具店を創業。1972年、家具研修でアメリカの豊かさに衝撃を受ける。その後、徹底した低価格路線でニトリを急成長させた。私財を投じて留学生のための奨学基金を設けるなど、社会貢献活動にも積極的。

●アメリカで見た「豊かさ」の衝撃

お金の価値について考えるとき、僕には忘れられない原体験があります。もう40年近く前の話です。

僕は23歳のとき、北海道で家具屋を創業しました。ところが、わずか3～4年で倒産寸前というところまで追い込まれます。

そしてなんとか形勢逆転を図《はか》ろうと、藁《わら》にもすがる思いでアメリカへの視察研修ツアーに参加しました。これが人生を変えましたね。目からウロコが落ちる思いというか、とにかくアメリカの豊かさに圧倒されたんです。

なにに驚いたって、その価格です。

当時もいまも、日本とアメリカでサラリーマンがもらうお給料そのものには、ほとんど差がありません。ところが、アメリカ人の家はとてつもなく大きいし、裏庭にはプールがある。

その理由は簡単で、モノの価格がまったく違うんです。大ざっぱに言うと、給料は日本とほとんど同じなのに、アメリカではモノの価格が日本の3分の1になっている。家具や不動産など「家」にまつわるものは、とくに顕著《けんちょ》でした。

つまり、日本人が10万円出して買っているソファを、彼らは3万円で買っているようなもの。だからアメリカでは値札を見ないで買い物ができる。買い物がこんなに楽しいなんて、それまで考えたこともなかったんです。

このアメリカ視察以降、お金と仕事に対する考え方が百八十度変わりました。

率直に言って、日本はアメリカから50年遅れている、というのが当時の僕の実感でした。

いまでも20年か25年は遅れていると思っています。

自動車やテレビなど、個々の技術力では遅れているどころかリードしている部分もありますよ。でも、生活の質や豊かさという意味ではまだ遅れている。

僕があのとき確信したのは、「アメリカ人が豊かなのは、たくさん稼いでいるからじゃない。モノが安いから豊かなんだ」ということ。

そこで僕は、日本に帰ってからあらゆる価格を3分の1に引き下げ、日本にアメリカ並みの豊かさを実現させようと決意しました。日本人全員の収入を3倍にすることはできないけれど、自分の売る商品の価格を3分の1にすることはできるはずだ、そうすれば日本はもっと豊かになるんだ、とね。

●目標に順位をつけない

じゃあ、どうしてアメリカの品物は安いのか。どうして日本の品物は高いのか。

これは構造的な問題なんです。

日本では、昔からメーカーが川上に立って、小売業は川下にいます。そして川の真ん中には問屋さんがいる。メーカーが企画・製造したものを、問屋さんを経由して、小売店で販売する、というメーカー主導の流れです。

ところがアメリカでは、小売業が川上に立っている。メーカーは川下で、いわば下請《したう》け的な存在。小売業が企画・発注したものをメーカーが製造する、という小売り主導の流れになっているのです。

なぜこんな違いが生まれるかというと、規模の問題なんですね。とくに当時は、日本の小売店はほとんどが個人商店でした。だからメーカーや問屋の言うことを聞かざるをえない。商品開発なんて夢のまた夢ですよ。

一方のアメリカは、小売業が数百とか1000店舗以上の規模でチェーン展開している。だから川上に立って、メーカーにオリジナル商品を発注することができる。

つまり、日本はもともと物価が高いのではなく、生産者から消費者へモノが流れていく段階に、ものすごくたくさんのムダが潜《ひそ》んでいるんです。だから消費者に届くときには、アメリカの3倍近い値段に膨《ふく》れ上がっている。

日本で「3分の1の価格と欧米並みの豊かさ」を実現しようと思うなら、こうしたメーカー主導の小売りシステム、流通システムをすべてひっくり返す必要があるんですね。いまではニトリの店頭に並ぶ商品の約8割が自社開発で、インドネシア、ベトナムに家具の自社工場を構え、世界で約350社の工場と提携を結んでいます。

もう少し身近なところで話をしましょうか。

現在、ニトリの優先順位は1に安さ、2に安さ、3まで安さで、ようやく4番目に適正な品質、5番目がトータルコーディネートとなっています。

なぜ1から3まで安さなのか？　品質はどうでもいいのか？

いいえ、違います。ものごとの優先順位は、これくらい徹底しないとすぐに入れ替わってしまうからなのです。

以前は、優先順位を「1に安さ、2に品質」としていました。

ところが、自分たちでも気づかないうちに優先順位が入れ替わって、ある時期から品質優先になってくる。品質にこだわるのはいいことなんだけれど、さすがに目標や優先順位まで入れ替わってしまったら、「欧米並みの豊かさを実現したい」という当初の志まで失われてしまう。

そこで、1番から3番までのすべてを「安さ」にしたわけです。これなら、いつ順番が入れ替わっても大丈夫ですからね。

きっといまの子どもたちも、将来プロ野球選手になりたいとか、宇宙飛行士になりたいとか、お医者さんになってたくさんの命を救いたいとか、いろんな夢を持っていると思います。そういうときには、第1志望だの第2志望だのと考えず、1から3まですべてプロ野球選手、というくらいの強い決意が必要ではないでしょうか。

●後始末より先始末、の意識を

それから大事なのは「後始末《あとしまつ》より先始末《さき》」という意識。

計画性のない、勘《かん》や根性に頼ったビジネスはギャンブルと同じで、後始末に追われるだけです。

ずさんな計画、非科学的な計画がいかに使えないものかを実感してもらうため、僕はアメリカ研修の際、社員たちがラスベガスのカジノで遊ぶことを咎《とが》めません。

ラスベガスは全米一の商業施設が集まった街なので、昼には商業施設を見学させて、夜はカジノで思う存分ギャンブルする。もちろん強制的にやらせるわけではありませんが、やってみたい人間は思いっきりやってみればいいと思っています。無謀《むぼう》なギャンブルをして、自分のお金で痛い目を見ると、データに基づいた綿密な計画（先始末）の重要性がわかりますからね。

勉強だって部屋の掃除だってそうでしょう。面倒くさいことは全部先にすませておかないと、あとになるほど解決が難しくなる。

たとえば、小売業でいちばんコストがかかっているのは人件費ですよ。価格を下げようと思ったら、社員のお給料を減らせば、それだけで大幅な経費削減になる。でも、そんなことをやってしまったら、とんでもない後始末に追われるわけです。優秀な社員はどんどん辞めていくだろうし、社内の空気も悪くなる。そうすればお客さんにも迷惑がかかるし、結果として売り上げも落ちていく。

じゃあ、どんな「先始末」があるかと言うと、大きなお店を少ない人数で回せるシステムをつくること。

仮に一店舗10人で回していたとすれば、5人で回せるような仕組み・システムを考える。そうすれば、その10人で2店舗を回せるようになるし、単純に考えて売り上げも2倍になる。結果として社員の給料を下げるどころか、むしろ給料を大幅に増やすことができる、という考え方です。

実際、以前は一人あたり20坪でしたが、いまは40坪を回しています。

お金とは、ものごとの価値を測《はか》るためのモノサシです。

そしてものごとの価値は、「価格」と「品質」のバランスによって決まります。価格を大幅に上回るだけの品質があれば、その商品には「価値がある」と見なされる。

だから、子どもが自分のおこづかいを使うときも、価格と品質を天秤《てんびん》にかけて、本当の価値を考える習慣を身につけてほしいですね。これは自分の身を守るうえでも、大切な心掛けになります。

●落ちこぼれでも夢はかなう

僕はこれからの時代、みんな80歳まで働くべきだと思っています。そして、それぞれの時期にやるべきことがある、というのが僕の考えです。

10代は基礎知識を身につける時期。これから社会に出て活躍するための、さまざまな基礎をここで身につける。

そして20代は、「首から下」で仕事を覚《おぼ》える時期。頭よりも身体、思考よりも行動で仕事を覚えていく。ここで身につけた力は一生役に立ちます。

続く30代はコントロール能力。「首から上」を使って、計画と実績とを一致させる技術を覚える時期ですね。

それで40代から50代は、実践の時期。これまで蓄積《ちくせき》してきたノウハウを存分に発揮《はっき》して大輪《たいりん》の花を咲《さ》かせる。自分の仕事がいちばん充実する時期だと言ってもいいでしょう。

最後に、60代から80代は人を育てる時期。ここまで完結することができたら、最高の人生ですよね。

そして僕は、うちの社員たちに大きな夢を持って80歳まで働いてほしいと思っていますし、80歳までニトリで働いてくれるよう日々努力をしているところです。

僕なんか、もともとは落ちこぼれなんですよ。

最初に家具屋さんを創業したときも、いわゆる青年実業家みたいなカッコイイものじゃなかった。北海道の札幌《さっぽろ》でサラリーマンをクビになって、働く場所がなくなって、親兄弟や親戚に頭を下げて、どうにかお金を集めて家具屋さんを始めたんだから。

アメリカから帰ってきたとき、僕は「アメリカは120年かけてあの豊かさを手に入れたんだ。だったら日本も、うまく真似《まね》をすれば半分の60年で達成できるんじゃないか」と考えて、「60年計画」というものを立てました。

そして、その60年計画を前期30年と後期30年に分けて、いま38年目に突入したところです。売り上げが３０００億円、創業当時の何万倍というところまできた。

だから、僕は子どもたちに言いたい。夢ってかなうんだよ。自分でもできるとは思わなかったようなことが、できるようになるんだよ。

正直な話、いま僕は、夢うつつの中で仕事をしているような気分なんですよ。今後何年で売り上げが1兆円だ3兆円だと話しながら、「これって夢じゃないよな？」と、自分でも不思議になってしまうんです。

ただ、ひとつだけ覚えておいてほしいのは、「夢は一人で見るものではない」ということ。まだまだニトリが小さかった頃のことです。僕は母校の学食に行って、「昼飯をおごるから話を聞いてくれ」と何時間も熱弁を振るっていました。自分はこんな夢を持っている、こんな大きなプランがある、だからいっしょに働こう、いっしょに夢をかなえよう、とね。

もちろん当時、そんな僕の言葉を信用してくれる学生はほとんどいません。

実際に入社してくれたのは20人に一人くらいで、彼らもほかの会社を落とされたからしかたなくニトリに来た、という人間ばかり。僕と同じ落ちこぼれですよ。でも、彼らのために僕は必死になってがんばったし、彼らも同じくがんばってくれた。

自分一人で見ている夢（ロマン）は、ただの妄想《もうそう》でしかありません。夢はそれを仲間と共有したとき、はじめて現実のものになります。

これから社会に飛び立つ子どもたちには、ぜひ知っておいてもらいたいことです。

感情を切り離して真実を見抜く力を

経済評論家
山崎 元
やまざき・はじめ──東京大学経済学部卒業後、三菱商事に入社。投資信託、信託銀行、証券会社、生命保険会社など12回の転職を経て、2005年より楽天証券経済研究所客員研究員。著書には『超簡単 お金の運用術』（朝日新聞出版）ほか多数。

●お金の価値を考える

お金についてしっかりとした知識を身につけること、これは子どもだろうと大人だろうと、大切なことだと思います。

それでは、なぜお金が大切なのでしょうか。そもそもお金には、どのような価値があるのでしょうか？

まず最初に、お金があると「自由」が拡大します。衣食住の選択肢が増えるのはもちろん、困っている人を助けるときにもお金は役立ってくれる。

自由という言葉がわかりにくければ、お金があれば「できること」の範囲が大きく広がる、逆に言うと、お金がなければ「できないこと」がたくさん出てくる、と考えてください。

そして、お金があれば必ず幸せになれるわけではないけれど、「お金があれば避けられる不幸」はたくさんあります。とてつもないお金持ちになる必要はなくても、やはりお金があるに越したことはない、というのが実際のところでしょう。

ただし、お金の価値は負《ふ》の方面にも働いてしまうことを忘れてはなりません。お金には「他の価値を侵食《しんしょく》していく」という、独特の性質があるのです。

たとえば、ある人のお給料が月額20万円だとしましょう。これは会社から「その働きに20万円分の価値がある」と認められた証拠だと考えることができます。ところが、このロジックを突き詰めていくと、「50万円のお給料をもらう人のほうが(人として)価値がある」という発想につながりかねないのです。

つまり、「労働の価値」を測る目安《めやす》だったはずのお金が、いつしか「その人自身の価値」

を測る数値になってしまうわけです。

こうなると、「金持ちのほうが偉《えら》い」「貧《まず》しい人には価値がない」という誤《あやま》った差別意識にもつながりますし、お金のことで他人を妬《ねた》んだり、自分をみじめに思ったりしやすくなります。実際、家族や健康を犠《ぎ》牲《せい》にしてまでお金儲《もう》けに走る人がいますが、その多くの場合で「お金があるほど偉いんだ」と勘違いしているものです。

だからこそ、わたしはお金や仕事の意味について、子どもたちにも積極的に教えていくべきだと思います。大人になってから自らの金銭観を変えるのはなかなか難しいことですし、中学生や高校生は、「お金ってなんだろう」「仕事ってなんだろう」と、抽象的なことを考えるのにぴったりな年代ではないでしょうか。

●お金の先生は数学教師であるべき

お金の教育で大切なのは、誰が誰のために教えるか、という視点です。

ちょうど小泉《こいずみ》政権くらいの頃、日本では「アメリカでは小学生のうちから投資の勉強をしている。一方、日本では子どもにお金の話をしないし、教育もしない。だから日本人は貯金をするばかりで投資マインドが育たないんだ」という主張が盛んになされていました。いわゆる「貯蓄から投資へ」という議論です。

日本には１５００兆円もの個人金融資産があり、このうち1パーセントを株式投資に回すだけでも、15兆円のお金が市場に流れることになる。そうすれば経済も活性化するし、景気だって上向いていくはずだ、とする識者もいました。

でも、これはちょっとおかしな話で、投資は国のためにやるものではありませんし、ましてや金融業界のためにやるものでもない。あくまでも、自分のためにやるものです。

もっと具体的に話しましょう。

現在、投資に関する教育を行っている場所は、すでにたくさんあります。ところが、ここで教育のコストを負担しているのは金融業界なのです。しかも困ったことに、金融マンが「専門家」として先生をやっている。わかりやすく言えば、金融業界が「お金の教科書」をつくっているわけです。

すると、どんなことが起こるか。

わたしの目から見て、現在出回っている「お金の教科書」は、ほとんどが金融業界に都合のいい方向にミスリードされています。難しい専門用語をわかりにくい言葉で解説したあと、「だからこの金融商品を買うといいですよ」という内容になっている。これでは、「勉強」というよりも、「洗脳」されるために本を読むことになる。

いかなる金融商品であれ、まず最初に考えるべきは「これでこの人（営業マン）は、いくら儲かるんだろう？」ということです。ものすごく熱心に売ろうとしているのは、それだけその当人にとって儲けが出やすい商品だと思っていいでしょう。これは保険でも、マイホームでも同じことが言えます。

だからお金の教育を行う場合には、金融業界の介入を許さず、できるだけ非商業的な立場から進めていくことが重要になります。もちろん、公立学校はその有力な選択肢のひとつになるでしょう。

そんなふうに言うと、おそらく、「学校の教師には経済や金融の知識がないから無理だ」と疑問視される方も多いと思われますが、わたしの意見はやや異なります。

なぜなら、お金の教育で大切なのは、なによりも「感情に流されないで損得を考える」ということに尽きるからです。専門的な金融知識やテクニックを学ぶのは、大学や社会人になってからでも間に合います。まずは感情に流されず、合理的判断ができるような力を育てていくことが先決なのです。

では、どうやって子どもたちの合理的な判断力を育てていくか？

わたしの答えは「数学」です。

たとえば株式の話にしても、普通は社会科の授業で習うものですが、実際に株式を運用する立場に立つと、社会科の知識よりも数学的な思考のほうが大切になります。だから、お金を教える先生は第一に数学教師であるべきでしょう。そして数学の教科書に、もっとお金に絡《から》んだ問題を入れていくことです。儲け話に隠されたインチキを見抜くのも、結局は数学的な、論理的思考ができるかどうかなのですから。

●お金ほど感情と絡みやすいものはない

お金の恐ろしいところは、とにかく感情と絡《から》みやすい点です。

たとえば1000円で買った株が、800円になったとしましょう。こうなると大半の人は「損をした。最低でも1000円に戻るまでは手放せない」と考えてしまいます。

しかし、実際に投資をやっていくうえでは「自分が1000円で買った」という事実を切り離して、その株の価値そのものを判断しないといけません。もしかしたら将来的に500円の価値しかない株なのかもしれないし、2000円の価値を持つ株なのかもしれないのです。

でも、損得の感情が絡むと冷静に判断できない。どうしても自分が買った1000円を基準に考えてしまう。株価が上がる見込みがないのに「200円の損だ」という感情が先にきて、非合理的な判断をしてしまう。

投資をするうえでは、ある意味ゲームのチップを扱うくらい、ドライにお金を扱えないといけないのです。

保険についても同じことが言えて、たとえば生命保険が月額1万円だとした場合、このうち実際の保障や貯金に回っているのは6000円程度で、残りは保険会社の手元に入ります。それでも、「なんとなく安心だから」「周りのみんなが入っているから」という漠然とした気持ち、場合によっては「保険のおばちゃんがいい人だから」というだけの感情で、加入してしまう。

合理的に考えて、生命保険と縁《えん》を切るだけで日本人の生活はずいぶん楽になる、というのがわたしの持論なのですが、なかなか理解してもらえないようです。

そうやって考えると、投資は日本人の気質にあまり馴染《なじ》まないものなのかもしれません。日本人には、「お金のことを口にするのは卑《いや》しい」とか「お金儲けは下品なことだ」という感覚が、かなり根強く残っています。

わたしが思うに、これには2つの理由があるでしょう。

まずひとつは、士農工商《しのうこうしょう》という並びからもわかるように、日本には古くから「生産を伴《ともな》わない儲けはよくないことだ」という文化がある。

そしてもうひとつが、日本特有のムラ社会と嫉妬《しっと》の文化です。たとえば日本のサラリーマンがお酒の席で話題にするのは、ほとんどが社内の噂《うわさ》話や人事話ですよね。日本の会社ほど、男の嫉妬が渦巻《うずま》いた組織も珍《めずら》しいのではないでしょうか。

だから、お金持ちを素直に認めようとしないし、自分よりお金を持っている人を「あいつは金に汚《きたな》い」とか「金のことばかり考えて、下品だ」と非難する。こうした文化の中にあっては、お金をタブー視する風潮が生まれてしまうのもしかたのないことでしょう。

そこで、感情に流されることなくお金を扱うための心構えを、簡潔に7ヵ条として考えましたので列挙しておきます。

【お金と投資の7ヵ条】

第1条　自分でわからないものに手を出すな
第2条　他人の判断に頼るべからず
第3条　金融商品は「相手の儲け」から考えよ
第4条　うまい話など存在しない、と心得よ
第5条　投資に「初心者向け」はない、と心得よ
第6条　感情に流されるべからず
第7条　正しいリスク分散を学べ

いずれもテクニック以前の、基礎の基礎にある考えですが、お金や投資だけでなく社会を生き抜く知恵としても大切なものです。ぜひ、ご家庭でお子さんとお金の話をするときなどに参考にしてみてください。

●仕事選びのポイントは「お金と自由」のバランス

最後に、仕事とお金の関係について考えましょう。

具体的には、仕事を選ぶときにお金（報酬《ほうしゅう》）はどれくらい重視するべきなのか、という問題です。

仕事を続けていく動機は、大きく「やりがい」と「お金」の2つに分けられます。

そしてやりがいは、

①自分の仕事が他者に喜ばれ、評価されること

②自分の技術や能力が以前より成長している実感があること

これら2つのうち、いずれかがあれば得られるものです。よく「やりがい＝好きな仕事」と考える方がいますが、たとえ興味のなかった仕事であっても、継続することによってやりがいを感じるようになることは可能です。

それで問題はお金ですが、「自由とお金」また「時間とお金」は、ある程度交換可能なのです。つまり、交換材料として自分の「自由」や「時間」を差し出せば、その分たくさん稼ぐことができる。

毎晩終電まで残業して、休日出勤も当たり前という仕事であれば、プライベートな時間はまったくありませんが、それなりの報酬が期待できるでしょう。一方、毎日夕方5時には帰宅できるような仕事だと、おおむね報酬は少ないものです。

結局、「どれくらい稼ぎたいか?」という問いかけは、「どれくらいプライベートの自由がほしいか?」「どれくらいプライベートの時間がほしいか?」という、自分のライフスタイルそのものへの問いでもあるわけです。

金銭的な条件だけで仕事を選んでしまうと、あとから大きく後悔することになるかもしれません。自分がどんな人生を送りたいのか、じっくり検討する必要があるでしょう。

とはいえ、世の中にはほとんど同じような仕事をしながら、たくさん稼いでいる人もいれば、そうでない人もいます。この差はどこから生まれるのでしょうか?

わたしは、お金や仕事には〝立地条件〟があると思っています。

たとえばコンビニエンスストアでも、賑《にぎ》やかな駅前のお店と、人通りの少ない住宅街のお店では、品揃《しなぞろ》えや営業時間が同じであっても売り上げは違うでしょう。

同様にお金は、「社会的な立地条件」のいい人のところに集まりやすい、という性質があります。先進諸国と途上国というのもひとつの〝立地条件〟ですし、東京と地方という〝立地条件〟の差もあるでしょう。あるいは、血縁関係や出身大学が〝立地条件〟になることだってあるはずです。

ただし、ここで大切なのは、仕事をお金で判断しないことです。たとえ「社会的な立地条件」が悪くてお金が集まりにくくても、立派な仕事をされている人は大勢います。仕事の価値とはお金だけで判断されるものではなく、お金は「社会的な立地条件」によっても大きく変化するのだ、ということを教えていくべきだと思います。

もちろん、自らの〝立地条件〟を変える方法はいくらでもあります。転職などはその代表格ですし、資格の取得、語学の習得なども〝立地条件〟を変える有効策でしょう。

子どもにお金の話をするのはよくない、と考える方も多いかもしれません。

しかし、お金をタブー視したままではお子さんが誤った認識を持ちかねません。くり返し述べているようにお金は感情と絡みやすく、場合によっては差別や偏見《へんけん》の元凶にもなってしまいます。

合理的判断力を身につけるため、また数学の延長にある知識として、もっと率直にお金の話をしていくべきではないでしょうか。

4時限目

挫折や失敗をした子どもにどう接するか

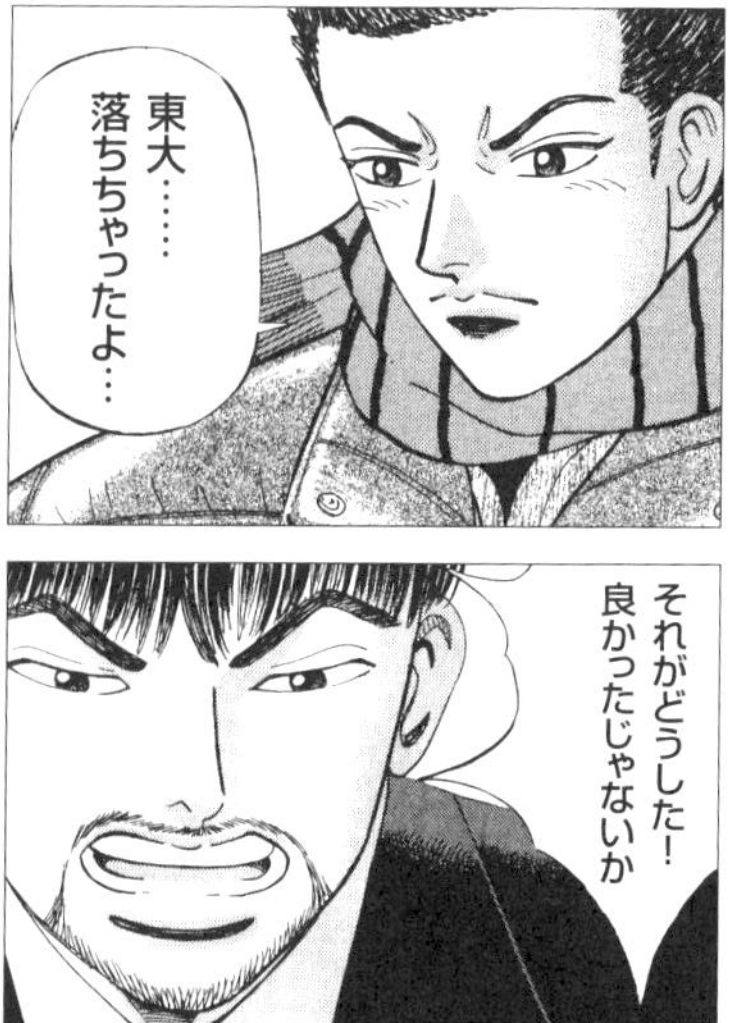
東大……
落ちちゃったよ…
それがどうした!
良かったじゃないか

【桜木の発議4】

失敗は、回避すべきものなのか？

人は誰しも失敗をする。挫《ざ》折《せつ》や失敗のない人生なんてありえない。しかし、自分の子どもにだけは失敗してほしくないと願ってしまう。それが親というものだろう。

たしかに多感な子どもたちは、小さな挫折をきっかけに大きく道を踏《ふ》み外すこともある。一方、親の過度なサポートが子どもの自立を妨《さまた》げてしまう可能性も無視できない。

挫折や失敗にはどんな意味があるのか？　親のサポートはどこまで必要なのか？

そして、不運にもわが子が大きな挫折を経験したとき、親はどう接すればいいのか？

そこで、「失敗学《しっぱいがく》」の権威からプロ野球の現役最年長投手まで、挫折や失敗の本質を知り尽くした方々に話を伺《うかが》った。子育てに悩む親だけでなく、あらゆる世代の方々に読んでいただきたい特別講義である。

失敗をワクチンと考え、正解を押しつけない

工学院大学教授／東京大学名誉教授

畑村洋太郎

はたむら・ようたろう――東京大学工学部機械工学科修士課程修了。専門は失敗学、創造学、ナノ・マイクロ加工学。2001年から「畑村創造工学研究所」、2002年からNPO法人「失敗学会」を主宰。『失敗学のすすめ』（講談社）、『失敗を生かす仕事術』（講談社現代新書）など、著書多数。

●失敗という名のワクチンを接種しよう

現在、僕は「失敗学」という新しい学問に取り組んでいます。

事故や不祥事《ふしょうじ》などの失敗を、科学的・総合的に分析することで、次なる失敗を未然に防《ふせ》ぐこと。あるいは、失敗からその人を成長させる新たな知識を抽出《ちゅうしゅつ》しようとするのが、この「失敗学」の趣旨です。

まず、僕が失敗に注目するようになったきっかけからお話ししましょうか。

もう40年以上も前の話になりますが、東京大学の機械科で教鞭《きょうべん》をとることになった僕は、大きな悩みを抱えていました。僕の教えていた機械工学とは、簡単に言えば「新しいモノ」をつくるための学問です。そして、本当に画期的《かっきてき》なモノをつくるには、柔軟な発想と豊かな想像力、さらにエイヤッと未知の領域へ踏《ふ》み出す勇気が求められます。

しかし、当時の僕には、いったいどんな指導方法をとれば学生の興味を惹《ひ》き、彼らの想像力を引き出すことができるのか、まるでわからなかったのです。

もともと、僕は大学教員になるつもりなどなく、大学院を出てからエンジニアとして日立製作所に入りました。ところが、エンジニアとしてあまりに生意気だったのでしょう、ほどなく上司から、「1年間現場に出て、作業員の仕事をやってこい」と命じられます。

重機を使った現場での作業は、常に危険と隣《とな》り合わせです。僕自身、現場で作業員として働いていた時期には何度となく危険な目に遭《あ》いましたし、あわや大惨事《だいさんじ》というトラブルも経験しました。

そこで、ぼんやり講義を聴いている学生たちに、ちょっとした気分転換のつもりでエンジニア時代の失敗談を語ってみたところ、彼らの態度が一変しました。それまであんなに退屈そうにしていた学生たちが、急に身を乗り出して、目をキラキラ輝かせながら聴いているのです。

これは、おもしろい発見でした。要するにそれまでの僕、そして日本の教育全体は、学生たちに〝正解〟を教えていたんですね。「こうすればうまくいくよ」と、効率よく正解にたどり着くための道筋を教えて、それこそが教育だと思っていた。

ところが学生たちは、大人の語る「うまくいくための能書《のうが》き」には飽《あ》き飽《あ》きしていて、むしろ「失敗に至るまでの道筋」を知りたがっていたのです。

学生は「いつか自分も失敗するに違いない」と恐れています。でも、それがどんな形でやってくるのかわからない。そして、いざ歯車が狂《くる》いだしたら、学校で教わる「うまくいくための能書き」が〝役に立たない机上《きじょう》の空論《くうろん》〟であることにも直感的に気づいている。だからこそ、できるだけ具体的な失敗の話が聞きたい。大人たちがどんな失敗を経験して、その失敗をどうくぐり抜けてきたのか、本気で知りたがっている。

ところが、大人たちは誰一人として失敗を教えてくれない。自分の成功体験は自慢気に語るけれど、失敗についてはロをつぐんでしまう。

本来、失敗という手痛い経験を通じて試行錯誤《しこうさくご》した先に「創造」があるのに、日本の家庭や教育現場には、失敗そのものを否定する〝悪《あ》しき正解主義〟がはびこっています。これは、さまざまな意味で大きな問題を孕《はら》んでいると思います。

たとえば東大生の多くは、それまで挫折も失敗も知らず、正解主義の王道を歩んできた学生たちです。でも、大学で研究活動をしていると、どうしても失敗にぶつかる。挫折を味わう。自分よりはるかに優秀な同級生の存在に愕然《がくぜん》とする。そして、順風満帆《じゅんぷうまんぱん》の人生を歩んできたぶん、彼らは失敗に弱いところがあります。

僕がまだ講師だった1970年代、東大工学部では学生の自殺が相次《あいつ》ぎました。教授会に精神科医の先生を招《まね》いて緊急の講義をしてもらったほど、事態は深刻でした。

いまだから話せることですが、東大時代の僕の目標は、研究成果でもなんでもなく、「とにかく、定年まで自分の研究室から自殺者を出さないこと」だったのです。失敗を否定する正解主義に染《そ》まった学生たちは、それほど危《あや》うい存在でした。

挫折や失敗は、「ワクチン」のようなものです。子どもの失敗を否定してはいけません。心と身体に抗体をつくるために、なるべく思春期の早い段階で「失敗ワクチン」を接種しておくべきでしょう。

●失敗を創造に変える「省察」の作業

機械工学の分野でエンジニアをめざす学生たちに対して、なんのお手本も与えず自分でモノをつくらせてみると、まず間違いなく失敗します。きっとこれはデザイナーの卵でも、ミュージシャンの卵でも、営業マンの卵でも、誰でも同じでしょう。

そして意欲や向上心を持った学生ほど、失敗したときに「痛い」「苦しい」「悔《くや》しい」といった思いを感じるものです。

ここで悔しさを存分に味わった学生は、自分になにが足りないのか、この先どんな知識が必要なのか、身体で知ることができます。正解主義で身につく表面的な知識ではなく、どんな場面でも柔軟に対応できる本物の力が身につくわけです。

とくに受験勉強などは、与えられた設問への解法を最短距離で学ぶ、きわめて合理的で効率的な勉強法です。しかし、これだけでは知識が深い部分にまで根づかず、多くの場合が受験終了とともに消えていってしまいます。

一見したところ遠回りに見えるかもしれませんが、あえて最初に失敗や挫折を経験させ、そこから答えを模索していくやり方のほうが、結果的には近道なのです。

こうして失敗学の概要をお話ししていると、ときどき「なるほど、反省を次に生かすということですね」と言われる方がいるのですが、僕は「反省」という言葉が嫌いです。なぜなら「反省」という言葉には、どこか道徳的な価値観や、善悪の価値観など、感情的な要素が含まれているように思えるからです。「反省しろ」という叱責《しっせき》も、その人の価値観を一方的に押しつけられている感が拭《ぬぐ》えません。

だから僕は、道徳だの善悪だのといったベタベタした感情をいっさい抜きにした、「省《せい》察《さつ》」という作業が重要だと思っています。失敗の事実関係だけを抜き取って、まるで数式を解《と》くように見つめ直していく作業です。

たとえば学校の勉強でも、ただ「ああ間違えた。正解はこうだったのか」と正解を知るだけではなんの効果もありません。うまくいく能書きをなぞったところで、次にもまた同じ間違いをしてしまいます。

失敗したときに必要なのは、「こうすればうまくいくのか」という答えではなく、「なぜ自分は間違えたのか？」という真摯《しんし》な問いかけなのです。

自分はどこで間違えたのか？

なぜ、そんな判断をしてしまったのか？

問題文のどの部分に引っかかったのか？

見落としがあったのか、検算するのをサボってしまったのか、それとも自分の思い込みにこだわりすぎたのか？


自分の失敗を時系列でアウトプットして、まるでシナリオを書くように「失敗するまでの道筋」を思い起こすのです。これは紙に書き出してもいいし、言葉にするだけでもずいぶん違います。

せっかく失敗して痛い目に遭ったのだから、この「省察」という作業を通じて、自らの失敗をしゃぶりつくしてほしいですね。


かく言う僕自身、じつは大学受験では失敗を経験しています。

高校時代の僕は、暗記ものがまるっきりダメでした。古文や漢文なんて、覚《おぼ》える気にもなれませんでした。

好きなのは、数学と国語の現代文。頭を使って「考える」タイプの勉強ですね。とくに数学は、式のどこかで一段でも踏み外すと百パーセント間違えます。国語の現代文だったら多少ステップを飛ばしても正解することもありますが、数学だけは違います。手を抜いて「たぶん大丈夫だろう」と高《たか》をくくったら、必ず間違えてしまうのが数学というものです。

さて、現役での受験に失敗した僕にとって、落ちた理由は明々白々でした。数学の問題ではいい加減な気分で、検算するのをサボっていたのです。

そこで浪人生になってからは、計算式を1行ごとに検算することに決めました。いまになって思うと、僕にとっていちばん最初の「省察」です。おかげで翌年の受験は、数学も物理も完璧でしたし、考える力は格段に向上しました。

だから、いまでは「現役で合格しなくてよかった」と心から思っています。これは負け惜《お》しみでもなんでもなく、当時、苦しい思いをした自分に感謝したいくらいです。

現役当時にもしもまぐれで合格していたら、大学の中で落ちこぼれ、何度も同じ失敗をくり返し、いままでたどったのとはまったく違った人生が待っていたことでしょう。当然、失敗の重要性や「省察」に気づくこともなかったはずです。

●正解主義の負荷を外してやること

東大時代、精神科の先生といろいろ話し合った結果、挫折や失敗に思い悩んで自ら命を絶《た》ってしまう学生は、大きく2つのタイプに分かれるということがわかりました。

ひとつは「統合失調症」で、もうひとつが「うつ病」です。

統合失調症の場合、これはすぐにでも専門家のところに連れていって、医学的な治療が必要になります。一方のうつ病では、親や教師が「負荷」を外してやることが有効だと教わりました。

そもそも、受験や卒論は自分に対して徹底的に負荷をかける行為です。ある程度の負荷は成長に欠かせないものでもあり、それ自体が悪いとは思いません。高校生や大学生にもなれば、自ら望んで負荷をかけていくものです。

しかし、傍《はた》で見ていて「これ以上は難しいな」と判断したら、その負荷を外してやらねばなりません。これは、親や教育者の仕事でしょう。僕自身、見ていて「もうそろそろ限界だな」と思った学生に対しては、卒論のテーマを変えるように指示するなど、さまざまな対応をとってきました。

そして40年が経ったいま、日本は社会全体が「うつ化」しています。大人も子どもも、みんな正解主義に縛《しば》られ、追いつめられている。過熱する一方のお受験や中学受験などは、その典型的な例でしょう。

たとえば、受験に苦しむ子どもに、「もっとがんばれ」と励《はげ》ます親がいます。でも、悩んでいる子どもたちは半分うつの状態なのです。うつとは、生きるためのエネルギーがギリギリまで消耗《しょうもう》している状態だと思ってください。そこで励ましの言葉をかけたところで、子どもをさらに追い込むだけでしょう。ただでさえガス欠寸前なのに「もっと走れ、もっと急げ」とアクセルを吹《ふ》かしているのですから。

子どもが失敗に打ちひしがれているとき、親にできることはほとんどありません。受験にしても、いちばん苦しいのは本人なんです。横からごちゃごちゃ言ったところで、余計に苦しめるだけ。親にできることがあるとすれば、おいしいごはんを食べさせて、物理的にエネルギーを回復させることくらいでしょう。

人間が本当に孤立したとき、家族ほどありがたい存在はありません。気の利《き》いた言葉をかけるのではなく、子どものことを信じて見守ってやること。あなたが「ただそこにいる」という事実こそが大切なのです。

●時間の力を信じて悩み尽くせ

最後に、ここからは親御さんに対してではなく、中高生たちに向けて直接メッセージを送りたいと思います。

現在、僕は69歳です。だいたい16歳の4倍ちょっとだから、高校生までの人生を4回やっている計算になります。

きっといま、君たちは先が見えなくて不安だらけだと思う。

中高生の時期は、成長も環境の変化も目まぐるしいし、10年後の自分どころか、来年の自分がどうなっているのかさえ見えないんじゃないかな。まして、69歳の自分なんて想像もつかなくても、それは当然のことだろう。

そして、受験に失敗したときや、失恋したときには、これ以上ないくらい落ち込むと思う。目の前が真っ暗になって、場合によっては「もう生きている意味がない！」と自暴自棄《じぼうじ》棄《き》になることだってあるかもしれない。

でもね、あえて厳しいことを言うよ。

自分が失敗したその事実は、どこかの段階で受けとめないといけないんだ。目を背《そむ》けても前には進めない。進学でも就職でも、あるいは恋愛もそうかもしれないけれど、「選ばれる」というステップの中には、当然選ばれない人も出てくることになる。不合格者がいるから合格者がいる。みんな合格できるなら、それは試験じゃないからね。

失敗した事実を見ようとしないで、「運が悪かった」とか「うまくいったやつはズルをしたんだ」なんて考えてるようでは、せっかくの苦しい経験を次に生かせない。

だって、失敗ってのは行動の結果なんだよ。君が勇気を振り絞《しぼ》って行動したからこそ、今回は失敗という結果が出た。失敗を恐れていたら、行動さえもできなくなる。そこから一歩も動けないままになるんだよ。

そしてもうひとつ、僕の経験から言いたいことがある。

いま君たちがすごしている中学・高校時代の風景は、時間が経つとまったく違った姿に変貌《へんぼう》するんだ。倍も生きれば全然違うようになるし、ましてや僕みたいに4倍も生きてみればすっかり変わっちゃう。失敗も、苦しい経験も、悔しい思いも、みんなひっくり返って、すばらしい経験として命を吹き返す。

だから、悩むときには徹底的に悩んでほしい。どん底で、もがき苦しめばいいさ。

苦しいときには時間の力を信じることだ。長い人生には、時間だけにしか解決できないものってあるんだよ。

挫折や失敗をしたのなら、思う存分落ち込めばいい。

そして、「もうダメだ！」と思ったときには、ためらうことなく誰かの助けを借りること。人の助けを借りるのは、なんら恥《は》ずかしいことじゃない。君にはたくさんの仲間がいるし、最高の親がいるんだからね。

自分の頭で考えてこそ、本物の答えが見つかる

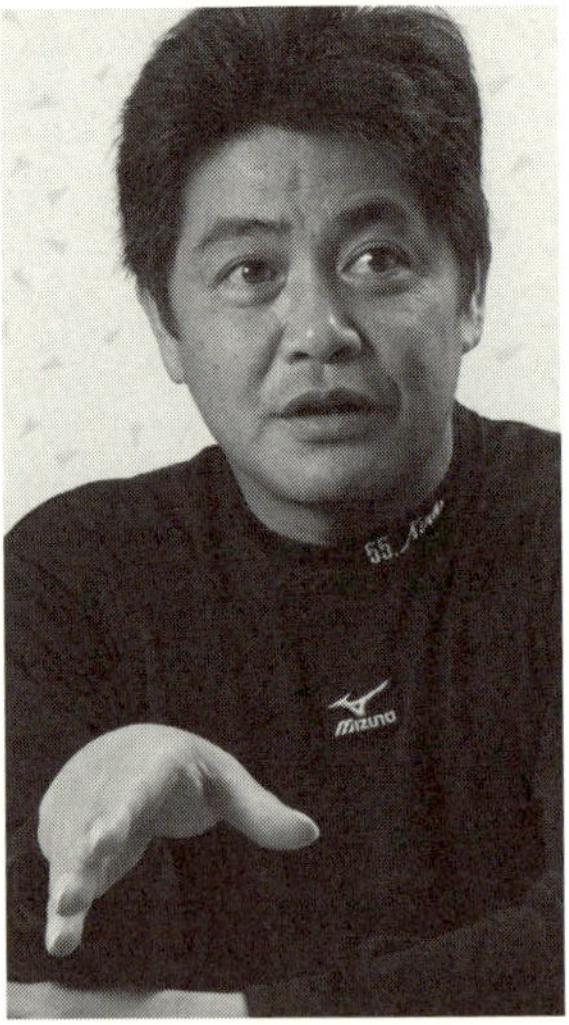

埼玉西武ライオンズ

工藤公康

くどう・きみやす――愛知県出身。名古屋電気高校から西武ライオンズへ。西武、福岡ダイエーホークス、読売ジャイアンツの3球団でリーグ優勝と日本一を経験し、「優勝請負人」と呼ばれる。一軍実働年数29年の現役最年長選手。子どものための講演会や野球教室を積極的に開催している。

●「失敗してもいい」というメッセージを

人は誰しも失敗をします。そして失敗の背後には、それなりの理由がある。僕の経験上、なんの理由もなく失敗することなどありえません。

失敗したときに大切なのは、その「理由」を考えることです。なぜ失敗したのか、どこで間違ってしまったのか、誰かに教えてもらうのではなく、ちゃんと自分の頭で考え抜か

ないといけない。

子育てにおいても基本は同じです。

大切なのは、子どもたちに「考える時間」を与えること。

一般に多くの親は、子どもに「答え」を教えようとしてしまう。でも、それは子どものことを信頼していない証拠ですよね。僕は自分の子どもたちを信じている。だから、あれこれ口を挟《はさ》まずに、まずは一人で考える時間を与えたい。

もちろん、アドバイスを求められたら真剣に向き合いますよ。でも、基本は本人に考えさせること。そして「ちゃんと見守っているよ」というサインを送ってあげること。そうじゃないと、本当の意味での解決にはならないんじゃないかな。

そもそも、僕は挫折や失敗をすべて前向きにとらえるようにしています。

プロの世界に入って29年目になりますが、僕のプロ野球人生だって後悔だらけですよ。いろんな失敗も経験したし、挫折も嫌というほど味わった。20代の自分を振り返って、「あのときこうしておけばよかった」と思うことも多いし、いまだに日々のトレーニングで後悔するところはたくさんあります。

それに、後悔のない人生なんてありえないでしょ？　人間って、失敗するから「次はこうしよう」「もっとうまくなろう」と前を向けるわけですよね。

プロ野球の世界には、入団早々に10勝以上をマークして将来のエースと期待されながら、5年もしないうちに消えていくピッチャーがたくさんいます。素質に甘えて、慢心《まんしん》しきって、自己鍛錬《たんれん》を怠《おこた》って、いつの間にか勝てなくなるんです。僕だって、早いうちにそんな成績を残していたら、慢心して同じ道を歩んだかもしれない。挫折や失敗があったから、向上心も生まれてきたわけでね。

もし、子どもたちが受験やスポーツなどの失敗で、立ち直れないくらい落ち込んでいるとすれば、その原因は親や学校の先生にあるのかもしれません。

親や先生が「失敗してはいけない」という価値観を植えつけるから、失敗が怖くなるし、チャレンジするのが怖くなるし、挫折から立ち直れなくなる。

だから、子どもと接するうえでまず必要なのは、「失敗してもいいんだよ」というメッセージではないでしょうか。

●自分の頭で考えてこそ成長がある

福岡ダイエーホークス（現・福岡ソフトバンクホークス）時代、僕は当時若手だった城《じょう》島健司《じまけんじ》選手（現・阪神タイガース）にリードを任せました。たとえ僕から見て、首をひねりたくなるようなボールを要求してきても、あえて彼のサインに従いました。

もちろん、彼が出したサインに首を振って、違う球でバッターを抑えることもできたと思います。でも、それでは彼はなにひとつ学べないんですよ。自分の意思がどこにも入っていない。僕といっしょにやっている間はそれで抑えられても、ほかの若手ピッチャーと組んだときは対処ができないわけです。

キャッチャーってすごく特殊なポジションで、守備のとき、キャッチャーだけがみんなと反対方向を向いてるでしょ？　逆に言うと、みんなキャッチャーの動きを見ている。だから、キャッチャーが大黒柱《だいこくばしら》になっているチームは強い。彼がチーム全体を統率《とうそつ》して、引っぱっていけるわけですから。

その意味で、当時のホークスは城島選手の成長が急務でした。すべてのピッチャーが、

「城島の出すサインだったら、信じてそこに投げてみよう」と思えるだけの信頼を勝ち取らないといけなかった。

当然、彼のサインに従って打たれることはあります。大切なのは、打たれたあとのコミュニケーションです。

ベンチに戻って、「なんで、あの場面であのサインなんだ?」と彼の考えを訊《き》く。彼が答える。僕は「前の試合、前の打席でこうだったじゃないか」とか「あの場面であの打者は右打ちしてくるだろ」と自分の意見を伝える。

こうやって彼自身に考えてもらうわけです。自らの失敗を通じて、どう次につなげていくかをね。

ただし、僕がすべて彼の意見に従ったかというと、そうではありません。

ホークスが日本一になった1999年、シーズン終盤の試合でノーヒットノーラン達成間近というシーンがありました。イニングは8回、チームのみんなも球場のファンも記録達成を期待してドキドキしている場面です。

ところが、1アウトをとったあとのバッターに対して、ボール球が先行して1ストライク3ボールになってしまった。

するど城島選手がマウンドまでやってきて、「歩かせましょう」と言うわけです。フォアボールで歩かせれば、まだノーヒットノーラン達成の可能性が残りますから。

でも僕は、「俺の記録なんてどうでもいい。この場面でいちばんいけないのはフォアボールを出してランナーをためることだろ！」と追い返して、ど真ん中にストレートを投げました。結局、みごとにホームランを打たれちゃいましたけどね。

僕個人の記録なんていう「小さな失敗」を気にする必要はない、俺たちには優勝というもっと大きな目標があるだろ、ということを伝えたかったんです。まあ、あそこでビシッと三振に抑えていればカッコよかったんですが。

僕は、自分の頭で考える作業を疎《おろそ》かにして、ただ「答え」だけ求める選手は大成しないと思っています。一流とされる選手は、「きっかけ」を誰かに与えてもらうことはあっても、最終的な「答え」は自分で見つけている。イチロー選手（シアトル・マリナーズ）にしても松井《まつい》秀喜《ひでき》選手（ロサンゼルス・エンゼルス）にしても、みんなそうですよ。

その意味で言うと、城島選手は、僕らベテランやコーチ陣の厳しい指導にも耐《た》え、自分で納得するまで考え抜きました。ときどき「城島は工藤に育てられた」と言われることもありますが、それは全然違います。彼は、自分の努力で伸びていったんですよ。

こんな話をすると余計にオジサン扱いされそうだけど、最近の若い選手にはコーチに言われたままにやっているだけ、という選手が増えてきているように感じます。よく言えば素直だけど、自分の頭で考えていない。だから伸びないし、長続きしない。

たとえば、僕はこれまでいろんなチームを渡り歩いてきましたが、ときどき二軍にいる若手選手とこんなやりとりをすることがあります。

「君は、なんのために毎日練習している?」

「一軍に上がって活躍するためです」

「じゃあ、どうして一軍に上がれないと思う?」

「実力が足りないからです」

「実力って、具体的になにが足りないの?」

「わかりません」

これでは、どんな練習に力を入れたらいいのかわからないし、きっと一軍に上がることも難しいでしょう。

じゃあ、どうすれば自分の頭で考えられるようになるか？

それが「教育」だと思うんですね。

考える力は、大人になってから急に身につくものではありません。子ども時代から少しずつ培《つちか》っていくものです。

だから、親が過保護になりすぎて、なんでもフォローしてあげたり、すぐに「答え」を教えてあげたり、あるいは失敗そのものから遠ざけたりしているようだと、考える力が身につかなくなると思います。

もうひとつ大切なのは、野球なら野球が毎日の生活に溶け込んでいること。

グラウンドに出てからが練習ではなく、ごはんを食べるのも練習だし、先輩と遊ぶのも練習なんだと考える。僕も若手時代、いつも当時の大エースだった東尾修《ひがしおおさむ》さんについて回って、なにかヒントをもらえないものかとチャンスを窺《うかが》っていましたよ。

これって、子どもの頃にはできていたはずなんです。野球が楽しくてたまらない少年野球の子どもたちは、みんな素直に「もっとうまくなりたい！」と考えるでしょ。そしてうまくなりたいという気持ちがあれば、どうすれば上達できるのか毎日真剣に考える。ところが、プロである程度やっていると、練習の苦しさもあって、「もっとうまくなりたい」という初心を忘れてしまう。向上心がなくなったら、日々の生活に野球が溶け込むこともありませんよね。

●怪我で潰れる選手に足りないもの

プロ野球選手にとって、最大の挫折といえば怪我《けが》でしょう。

どんなに丈夫な選手でも、怪我や故障のない選手はいません。長く現役をやっていると、必ずどこかに異常が出てくるものです。

そして多くの選手は、怪我をしてみてはじめて、自分のトレーニング方法を見つめ直します。どうもこのままじゃいけないようだ、もっといい方法があるのかもしれない——とね。

つまり怪我や故障は、それまでの自分を変える大チャンスでもあるわけです。これはたぶん、人生全般においても同じで、挫折や失敗はとても苦しいことだけれど、同時に自分を変えるチャンスでもあるんですよ。

ただ困ったことに、怪我をすると守りに入る選手も多いんですね。

怪我が治ったあとも、「また怪我をするんじゃないか」という恐怖心から全力で投げられなくなったり、走り込みをセーブしたりする。おかげで身体が衰《おとろ》えて、二度と昔のようなプレーができなくなる。

怪我で潰《つぶ》れていく選手って、意外とこのパターンが多いんですよ。怪我そのものが原因ではなく、復帰後のトレーニング不足によって満足なプレーができなくなる、というパターンです。

これはメンタル的な問題でもありますが、もっと単純に、知識の問題じゃないかと思います。「怪我が完治したら全力で練習してもいいんだ」という知識を持っているかどうか。しかも精神論じゃなくって、もっと具体的な根拠を持っていることが重要です。

怪我をしたとき、「どうしてこうなった?」と過去を悔やむ選手は伸びません。「どうすればよくなるか?」と将来を考え、必要な情報を取り入れ、実践できる選手だけが伸びていきます。結局、失敗や挫折を次につなげられるかどうかは、その選手の「考える力」にかかっているわけです。

だから、子どもたちに対しても、失敗を恐れるような育て方をしてほしくない。ちゃんと「失敗しても次があるんだ。何度だって全力でチャレンジできるんだ」ということを教えておかないと、怪我が怖くて全力でプレーできない選手と同じ道を歩んでしまうと思います。

●「なぜ?」の気持ちが人を育てる

僕が若手の頃、コーチたちは「肩を開くな」「突っ込むな」「上体を残せ」「肘《ひじ》を上げろ」といった、感覚的アドバイスばかりをしていました。そして、なぜそれが必要なのかを質問すると、「いいから、黙《だま》って俺の言うことを聞け」という態度。

プロ1年目の年に、コーチに対して「あなたの言うとおりにやって、僕が潰《つぶ》れてしまったら、ちゃんと責任とってくれるんですか?」と言い返したことがありますよ。

たとえば、スポーツ関係者は、みんな口を揃《そろ》えて「走り込みが大事だ」と言います。でも、僕はこれまで29年の現役生活で「ランニングのおかげで球が速くなりました」なんて選手には一人もお目にかかったことがありません。じゃあ、どうしてランニングが大切なのか？　あるいは、もしもウェイトトレーニングで球が速くなるのなら、プロレスラーは剛速球投手になれる。ランニングで球が速くなるのなら、マラソン選手こそが最高の投手という理屈になる。

ところが、実際はそうじゃない。

なぜか？

そうやって考えたり調べたりしていくと、心肺機能を鍛《きた》えるにはランニングがベストだとか、ランニングは瞬発系の筋肉を鍛えるのに効果的だとか、全身の機能を維持させるには全身運動であるランニングが最適だとか、いろんなことがわかってきます。

ここまでわかれば、同じ走り込みでも目的意識が違ってきますよね。

ただね、科学的トレーニングとか、効率的なトレーニングとか、そればかりに目を奪《うば》われるのもよくないんですよ。

だって、非科学的なトレーニングをしていたはずの昔の選手は、ものすごい球を投げたり、とんでもない数のホームランを打ったりしているんですよ。通算４００勝の金田《かねだ》正一《まさいち》さんしかり、８６８ホームランの王貞治《おうさだはる》さんしかり。

この数十年、スポーツ科学の分野はずいぶん進歩してきましたが、まだまだ科学万能というわけではないんです。

だから僕らにできるのは、とにかく「自分に合ったトレーニング方法を見つける」ということですね。

たとえば、中学3年生の野球少年は誰一人としてプロのレベルにありません。でも、高校の3年間で大きく成長して、プロに入れるレベルになる。ということは、高校でやっていたトレーニングがその子に合っていたということです。

それなのに、「プロに入ったんだから、プロの練習メニューをこなせ」と言うのは、少しおかしいと思うんですね。むしろ、高校時代にどんな練習をしていたのかを思い出して、その内容を取り入れたメニューを考えていくことが大事なんだと思います。大学の4年間ですごく伸びた選手は、大学時代のトレーニングを続けていく、というようにね。

周りに合わせるんじゃなくって、自分に合わせる。それがいちばんですよ。

スポーツであれ、学校の勉強であれ、ただやらされるのでは本当の力になりません。自分で「なぜそれをやるのか？」と疑《うたが》い、考え抜くことが重要なのです。

もし浪人したとしても、結果的に「自分は将来なにをやりたいんだろう？ どんな道に進みたいんだろう？ そのためにはどんな大学に進むべきなんだろう？」と自分の人生を考える時間が1年も増えるわけでしょ？ 長いスパンで考えたら、そこでの1年はとてつもなく貴重な経験になるはずですよ。

子どもに考える時間を与えて、本人が自分なりの答えを出すまで待つ。なにかをしてあげるのではなく、「待つ」という接し方を大事にしてほしいですね。

対等な立場からの勇気づけの言葉を

哲学者／日本アドラー心理学会顧問

岸見一郎

きしみ・いちろう―京都聖カタリナ高等学校看護専攻科、近大姫路大学看護学部非常勤講師。専門の哲学と並行してアドラー心理学を研究。著書には『アドラー心理学入門』『アドラー心理学 シンプルな幸福論』（以上、KKベストセラーズ）、『アドラー 人生を生き抜く心理学』（NHK出版）などがある。

●子どもを対等な存在と見ること

わたしは、哲学者として古代ギリシア哲学を研究するのと並行する形で、「アドラー心理学」という心理学を専門としています。

おそらく、フロイトやユングの心理学は知っているけれど、アドラー心理学なんて聞いたこともない、という方も大勢おられることでしょう。

アドラー心理学の創始者であるアルフレッド・アドラーは、フロイトと同時期に生き、一時はフロイトのウィーン精神分析学会の中核メンバーとしても活躍した、オーストリア出身の精神科医です。

学説上の対立からフロイトと袂《たもと》を分かったアドラーは、独自の理論を構築して、自らの考えを「個人心理学」と名づけました。今日では、その理論を創始者の名前にちなんでアドラー心理学と呼ぶことが一般的になっています。

アドラー心理学の大きな特徴のひとつとして、それが育児と教育を核とした心理学である、という点が挙げられます。もちろん、もっと大きく「幸福とはなにか?」「生きる目的とはなにか?」といった哲学的な広がりを持った心理学ではありますが、その中心課題として、育児と教育が掲《かか》げられていることは確かです。

今回は、そんなアドラー心理学の立場から、子どもの挫《ざ》折《せつ》や失敗について考えていきたいと思います。

まず、失敗とは、その場かぎりで終わるものではありません。

受験であれ、失恋であれ、あらゆる失敗は、もう一度挑戦しなければならない課題です。

失敗によって立ち向かう勇気をくじかれ、人生の課題から逃げたままでは、これから先もなにごとにも挑戦できない人間になってしまいます。

ですから、子どもが勇気をくじかれているとき、まず考えるべきは、「もう一度挑戦する環境」を整え、必要な援助をすることです。このとき、アドラー心理学では「勇気づけ」というアプローチをとります。

いきなり「勇気づけ」などと言われても、なかなかピンとこないでしょう。

一般に、子育てでは「ほめて育てること」がいちばんだとされていますが、勇気づけとほめることは、じつはまったく違うアプローチなのです。むしろアドラー心理学では、ほめることを認めません。

たとえば、子どもが家事を手伝ってくれたとき、「偉《えら》いわね」とほめる母親がいます。

しかし、自分の親や夫が家事を手伝ってくれたとき、同じように「偉いわね」とほめるでしょうか？　おそらく、「ありがとう」と感謝の言葉を述《の》べるはずです。

このように、ほめるという行為は、「能力のある人が、能力のない人に下す評価」であって、親は子どもを自分より低く見ているからこそ、ほめることができるわけです。

しかし、大人も子どもも本来は対等な存在であり、上下ではなく「横の関係」を築くべきだ、とするのがアドラー心理学の考えです。

もちろん、子どもは身体的にも大人と違いますし、経験も十分とは言えず、知識の量にも差があるでしょう。小さな子どもは服の着替えさえ、自分一人では満足にできないものです。

ですが、これらはいずれも本質的な違いではなく、せいぜい「できることの量」や「取れる責任の量」が違うにすぎません。

子どもと大人が「同じ」だとは言いません。さまざまな面で違いがあるのは当然です。「同じではないけれど対等」なのです。

子どもを子ども扱いすることなく、対等な存在として横の関係を築くこと。上からほめるのではなく、叱《しか》りつけるのでもなく、横から「勇気づけ」の言葉をかけること。それができるだけで、子どもの成長に大きな変化が出てくるはずです。

●育児と教育の目標とは？

それでは、なぜ「勇気づけ」というアプローチが必要なのでしょうか。子どもはほめてもらいたがっている、ほめればいいではないか、という意見もあると思います。

アドラー心理学では、育児と教育についてはっきりとした目標を掲げ、その目標を達成する方向で子どもを援助すべきだと考えます。

まず、行動面の目標は次の２つです。

①自立すること

②社会と調和して暮らせること

そして、この行動を支える心理面での目標として、次の２つを掲げます。

①わたしには能力がある、という意識

②人々はわたしの仲間である、という意識

ほめる、という上からのアプローチでは、これらの目標を援助することにはなりません。

先に見た「ありがとう」のように、対等な立場からの声があってはじめて、子どもは自分が世の中に貢献《こうけん》できていることを実感できます。自分にはそれだけの能力があると感じ、課題に立ち向かう勇気を持つようになるのです。

とはいえ、親にとって、わが子を子ども扱いしないのはなかなか難しいことです。親は、子どもが生まれたときからずっと見ているので、どうしても子どもが小さかった頃をイメージします。目の前にいる子どもではなく、記憶の中にいる子どもを見てしまうのです。だから大きくなった子どもを認めたくないし、いつまでも自分の支配下に置こうとしがちです。

一方、子どもたちは、対人関係にとても敏感なので、自分が子ども扱いされていると感じたら大人の助言に耳を貸そうとしません。あくまで対等な立場で助言してくれていると感じたときにだけ、心を開いて耳を貸すようになります。

「勉強しなさい」にせよ、「部屋を片づけなさい」にせよ、親の言うことはほとんどが正論です。理屈としてそれが正しいことは、子どもたちも十分にわかっています。しかし、子どもからすると、「あなたに言われたくない」となってしまう。なぜなら、自分が対等に見られていないと思うからです。

親の言うことは聞かないけれど友達の助言なら受け入れる、という子どもが多いのは、それだけ親がわが子を子ども扱いしている証拠なのです。

●勉強は子どもの課題で、親は介入してはいけない

また、アドラー心理学では、「それは誰の課題なのか？」という点を重視します。

ここは親としてなかなか受け入れがたい話だと思いますが、受験にせよ勉強にせよ、本来それは子ども自身の課題です。

子どもが自力で取り組んで、自分で解決しないといけない課題であって、親は介入してはいけないし、そもそも介入できないものなのです。

わたしの知っている高校生の女の子が、進学先にうるさく口出しする父親に対してこう言ったそうです。

「もしもお父さんのすすめる大学に進んで、4年後に私が『こんな大学に行かなきゃよかった』と思ったら、私は一生お父さんを恨《うら》み続けるわ。それでもいいの？」

教育熱心な親たちは、決まって「あなたのためを思って言っているのよ」と言います。

しかし、本当に子どもを尊敬し、本人のことを思っていたら、子どもの課題に介入などできないはずです。

子どもの課題に土足で介入していく親は、明らかに自分の目的（それは支配欲かもしれませんし、世間体《せけんてい》や見栄《みえ》かもしれません）を満たすために動いています。子どもたちはそれを見抜いているからこそ、反発するのです。

ですから、まずは「それは誰の課題なのか？」という原点をはっきりさせ、子どもの課題については「こうしなさい」と指示することをやめて、「あなたはどうしたいと思っている？」と、本人が考えるよう促《うなが》しましょう。

わたしには〝主夫〟の経験もありますが、勉強は子どもの課題だと考えて「勉強しなさい」と言わずにすんだおかげで、育児はずいぶん楽になりました。受験生を抱える家庭では、親も子どもも神経を磨《す》り減《へ》らしてしまうものですが、それが子どもにいい影響を与えるはずはないでしょう。

「勉強は子どもの課題なのだ」というスタンスを貫《つらぬ》くことは、あなたのためでもあり、子どものためでもあり、家族全員のためでもあるのです。

ちなみに、子どもの課題に介入しないことは、いわゆる放任主義とは違います。放任の親とは、子どもがなにをしているのかをまったく知らない親です。隠《かく》れて悪いことをやっているとか、学校をサボっているとか、そういうことをなにも知らず、知ろうともしない親の態度を放任と呼びます。

一方、「知っているけど介入しないこと」は放任ではありません。子どもを見守ること。そして子どもが助けを求めてきたときには、いつでも相談相手になること。これがあるべき親の姿です。

そうでないと、自らの課題に土足で介入されたと感じた子どもは必ず反発します。そして、場合によっては非行などの問題行動に出ることもあります。

非行にせよ、不登校にせよ、リストカットにせよ、あらゆる問題行動とは「安直《あんちょく》な優越性の追求」である、とアドラーは言います。

本来、他者からの注目を集めたり、他者から認めてもらうには、それなりの努力が必要です。ところが勇気をくじかれた子どもたちは、その努力を抜きにして自分を認めてもらおうとします。その安直な行動こそが、問題行動なのです。

ここは、アドラー心理学の大きな特徴である「目的論」という話にもつながってくる部分ですので、もう少し詳《くわ》しく説明しましょう。

●過去のせいでも他人のせいでもない

最近では、日本でも「トラウマ」という言葉が日常語のように使われるようになってきました。幼少期のトラウマに悩まされるとか、前回の失敗がトラウマになっている、といった言葉を頻繁《ひんぱん》に耳にします。

しかし、アドラー心理学ではトラウマという概念を否定しています。過去に原因を求めることをしないのです。

もしも、お医者さんが「あなたが風邪《かぜ》を引いた原因は、3日前に薄着で外出したせいです」と原因を教えてくれたとしても、それは医者の仕事とは言えません。医者であるからには、「どうすれば治るか」を教え、投薬などの処置をしてくれないと困ります。

カウンセリングの仕事もまったく同じで、「あなたの悩みの原因は、過去にこんな経験をしたからです」と教えられても、相談者にとってはなんの解決にもなりません。時計の針は巻き戻せないのですから、「過去のこれが悪かった」と言われてもどうしようもないのです。

そこで、アドラー心理学では過去に原因を求めることなく、「目的論」という立場を採ります。

たとえば、「不安だから、外に出られない」と考える。これはフロイトに代表される「原因論」の立場です。

一方、アドラー心理学では、「外に出たくないから、不安という感情を創り出す」と考えます。外に出たくないという「目的」が先にあって、その目的を達成するために不安という感情を創り出している、けっして「原因」に突き動かされているのではないのだ、という考えになります。

もちろん、引きこもりの人が感じている不安は本物です。でも、それは過去の原因によって起きているのではなく、「外に出たくない」「学校に行きたくない」「あの人に会いたくない」といった目的を達成するために創られた感情なのです。

しばしば「頭が痛くて熱っぽい」と訴《うった》えて学校を休んだ子どもが、学校に休みの電話を入れてもらった途端《とたん》、元気になるのはこの典型的な例でしょう。

わたしの娘が1歳のとき、彼女を保育園に預けることになりました。

その初日、保育園に連れて行って娘を保育士さんに預けようとすると、娘は大声で泣きます。でも、わたしは保育士さんにこう言いました。

「いまはこんなに泣いていますが、わたしが帰ったら30秒で泣きやみます。いったい何秒で泣きやむか、腕時計でしっかり数えてみてください」

そして夕方、娘を迎えに行ってみると、うれしそうな顔をした保育士さんが駆《か》け寄《よ》ってきました。

「お父さん、残念ながら30秒ではありませんでした。15秒で泣きやみましたよ!」


どうして娘は、それほど早く泣きやんだのでしょうか?

答えは簡単で、子どもたちは「大人がかまってくれるから」泣くのです。

自分に注目を集め、大人を支配し、大人をコントロールするために泣いている。

ところが保育士さんは、自分がこんなに泣いているのに注目してくれない。それどころか(わたしが時間を計《はか》るよう指示したおかげで)、じっと腕時計を見ている。泣けば泣くほど時計に集中する。だったら泣く意味がなくなる。

——わずか1歳の子どもでさえ、これだけのことを考えているのです。

アドラーの目的論は、よくよく考えてみるとかなり厳しい話でしょう。

一般的なカウンセラーは、「あなたはこれまで誰のせいにもできなかった。でも、人のせいにしてもいいいんだ」と優しく語りかけるものですが、アドラー心理学では、そうした免罪《めんざい》のカウンセリングは行いません。他者のせいにすることもなく、環境のせいにすることもなく、過去のせいにすることもありません。

かといって、「すべてあなた自身のせいだ、あなたが悪いのだ」と断罪するわけではないことは、頭に入れておいてください。アドラー心理学は、「これまでの人生になにがあったとしても、あなたが今後の人生をどう生きるかについて、なんの影響もないのだ」「自分の人生を決めるのは、ほかの誰でもなくあなたなのだ」と言っているのです。

当然、受験の失敗がトラウマになるなどと考える必要もないことになります。

●減点法の評価をやめて加点法で考える

また、親は、自分の頭の中で「理想の子ども像」をつくり、そこから引き算するようにわが子を評価しがちです。

たとえば、テストで60点を取ってきたら「悪い点だ」と思う。これは１００点を基準にしているからそう感じるわけであって、ゼロを基準に考えるなら、60点も立派な点数でしょう。

ここで強く叱ってしまうと、子どもは勇気をくじかれ、課題から逃げ出すようになります。

こうした減点評価は、学校のテストにかぎった話ではなく、日常のあらゆるところにあるでしょう。

たとえば、不登校を続けている子どもが、家事を手伝うようになったとします。

このとき、多くの親は、「そんなことはしなくていいから、さっさと学校に行きなさい」と言ってしまいます。目の前の行為に感謝しようとせず、ただ自分の頭の中にある理想像を押しつけ、そこから減点評価しているのです。

しかし、ここで「ありがとう」と勇気づけの言葉をかけるだけで、親子の関係性は大きく変わっていくし、子どもの意識も変わるはずです。課題に立ち向かう勇気、学校に行く勇気も芽生《めば》えてくるかもしれません。

中には、「うちの子は悪いことばかりして、とても『ありがとう』と言える状態ではない」と言われる親御さんもありますが、それも引き算で評価しようとしているからであって、いつでも「ゼロを基準にスタートする」という意識を持ってください。

日々の小さな行いに感謝できることはもちろん、生きてそこにいてくれるという「存在」にも感謝できるし、自然と勇気づけの言葉も出てくるはずです。

英語のパーソン（人間）という言葉は、ラテン語のペルソナを語源としており、これは仮面を意味します。人間は誰しも仮面を被《かぶ》って生きている、ということでしょう。

わたしは、アドラーの説《と》いてきた育児や教育とは、ある意味で「親という仮面を外して子どもと向き合う」ことなのではないかと思っています。

子どもを自分と対等な存在として、横の関係を築いていく。子どもの目線に下りるのではなく、ただ対等になる。ほめるのではなく、叱るのでもなく、子どもを勇気づけるための援助をする。

受験の失敗であれ、ほかのどんな失敗であれ、もっとも注意すべきは、それによって勇気をくじかれることです。

家族とはおもしろいもので、家の中で誰か一人が変われば、家族全員が変化します。子どもの意識を変えようとする前に、まずは自分が変わることを考えましょう。

■編集 ——————— 飯田雅裕（朝日新聞社）
古賀史健（office koga）
村上誠
佐渡島庸平（モーニング編集部）

■装丁 ——————— 山上陽一+福躍惠（ARTEN）

■コーディネート・撮影 ——— 株式会社アドレイ

ドラゴン桜《ざくら》公式《こうしき》副読本《ふくどくほん》『16歳《さい》の教《きよう》科《か》書《しよ》』番外編《ばんがいへん》

40歳《さい》の教《きよう》科《か》書《しよ》 親《おや》が子《こ》どものためにできること

2010年 7 月22日　第 1 刷発行
2010年10月 4 日　第 8 刷発行

編　者　モーニング編集部《へんしゆうぶ》&朝日新聞社《あさひしんぶんしや》
発行者　鈴木　哲
発行所　株式会社　講談社
〒112-8001　東京都文京区音羽2-12-21
電話　編集部　03-5395-3530
販売部　03-5395-3622
業務部　03-5395-3615

印刷所　共同印刷株式会社
製本所　株式会社国宝社

ISBN978-4-06-216405-4